सपने
करो
साकार

सपने करो साकार

विक्रांत महाजन

प्रभात पेपरबैक्स
प्रभात प्रकाशन™
ISO 9001 : 2008 प्रकाशक का उद्यम

प्रकाशक

प्रभात पेपरबैक्स

4/19 आसफ अली रोड, नई दिल्ली–110002

फोन : 23289555 • 23289666 • 23289777 ❖ फैक्स : 23253233

इ–मेल : prabhatbooks@gmail.com ❖ वेब ठिकाना : www.prabhatbooks.com

संस्करण

2014

मूल्य

एक सौ पचास रुपए

अ.मा.पु.स. 978-81-7315-871-1

अनुवाद

सुश्री दीपिका

मुद्रक

ग्राफिक वर्ल्ड, नई दिल्ली

———— ★ ————

SAPNE KARO SAKAAR *by* Vickrant Mahajan

(First published in English as **'Stretch Yourself'** by Word Smith Books)

Published by **Prabhat Paperbacks** (A Division of Prabhat Prakashan)

4/19 Asaf Ali Road, New Delhi-2

ISBN 978-81-7315-871-1 Rs. 150.00

ईश्वर को
जो मेरे जीवन का प्रकाश है

“आप जितने हैं, उससे कहीं अधिक महान् बन सकते हैं-और आप जितना बन सकते हैं, उससे कहीं और अधिक हो सकते हैं।”

-नील डौनल्ड वॉल्श

विषय-सूची

आभार

सबसे पहले मैं यह स्वीकार करना चाहता हूँ कि मैं इस पुस्तक के लिए सिर्फ एक जरिया हूँ। इसमें युगों का ज्ञान है (जिस रूप में मैंने समझा है), जो असंख्य प्रबुद्ध जनों द्वारा आगे की पीढ़ियों को दिया गया है। ज्ञान की अपनी तलाश में मुझे बहुत से लोगों के असीम अनुभव से लाभ उठाने का सौभाग्य प्राप्त हुआ, जिन्होंने अपने आपको विकसित करने की क्षमता के बारे में मुझे उदारता से सिखाया है अथवा इसके लिए प्रेरित किया है।

मेरी जीवनसाथी और सबसे अच्छी मित्र रौनिका, जिसने प्रेम और दोस्ती की मेरी परिभाषा को विस्तार दिया और सिखाया कि असली विश्वास क्या होता है, वह मेरे लिए ईश्वर का सच्चा उपहार है।

मेरे माता-पिता श्रीमती वीणा और श्री शाम किशोर गुप्ता, जिन्होंने हमेशा मेरे लिए अपनी दृष्टि और संसाधनों को विस्तृत किया है। माँ और पापा, आपको विशेष धन्यवाद; क्योंकि आपने मुझे दिखाया कि कैसे ऊँचे सपने देखे जाते हैं।

मेरी बहन निधि, जिसकी आत्मा पवित्र एवं हृदय सरल है और मेरे बहनोई विनोद, सदैव अपने सामंजस्यपूर्ण स्वभाव के कारण।

मेरे श्वसुर अवतार सिंह कंधारी, जिन्होंने उदाहरण रखा कि हम किस तरह अपने सपनों को साकार करने के लिए अनवरत स्वयं को विकसित कर सकते हैं।

मेरे भतीजे आर्यन, अर्नव और प्रभमन, जो लगातार मेरे अंदर के बच्चे को विकसित करते हैं।

विपिन शर्मा भैया, उनके अमूल्य सुझावों और ज्ञान की बातों के लिए। उनके चामत्कारिक दो शब्दों की बदौलत मुझे यह पुस्तक लिखने का विचार आया।

पूनम दीदी, अपनी उदारता को विस्तृत करने और अपनी गर्मजोशी के लिए।

सपना कपूर, काम के लिए अनवरत उत्साह और मेरे लिए दोस्ती के वास्तविक अर्थ को विस्तृत करने के लिए।

बुद्ध, कृष्ण, गुरु नानक, ईसा मसीह और कबीर, जिन्होंने मुझे वह बनाया, जो मैं आज हूँ या आगे रहूँगा।

बाबा ब्रह्मदेव, आस्था और आध्यात्मिकता की मेरी परिभाषा को हमेशा सूक्ष्म, लेकिन निश्चित रूप से विकसित करने के लिए।

परमहंस योगानंद, स्वामी विवेकानंद, महात्मा गांधी, गुरु डिंग ले मेई, मदर टेरेसा, रॉबर्ट एच. शुलर, नील डोनाल्ड वॉल्श, राल्फ वाल्डो इमर्सन, ओशो, योगी अशोक, श्री श्री रविशंकर, हेनरी डेविड थोरू, नेपोलियन हिल, डेल कार्नेगी, जिग जिगलर, दीपक चोपड़ा, रोबिन शर्मा, डॉ. वेन डब्ल्यू. डायर, रोंडा बर्नी, दादा वासवानी, लिंडा गुडमैन, एक्हार्ट टोल, नॉर्मन विंसेंट पेल, कीरो, रूमी और कई अन्य प्रबुद्ध लोग, जिन्होंने लगातार जीवन की मेरी समझ को विकसित और गहरा किया।

रितिक रोशन, इस परियोजना में इतना भरोसा रखने के लिए—बहुत-बहुत शुक्रिया रितिक, मुझे इतने अद्‌भुत रूप से यह सिखाने के लिए कि आप जो हैं, वह क्यों हैं।

सिमरन सिंह और अफसर जैदी, संभावनाओं की हर लकीर खींचने और मेरे जीवन में पल रहे सपनों की नक्काशी के लिए आपको बहुत-बहुत धन्यवाद।

और उस एक दोस्त को धन्यवाद देना चाहूँगा, जिसने मुझे सामान्य व्यक्ति की भीड़ से बाहर निकाला। लेकिन उसके लिए मैं कभी असाधारण नहीं कहलाऊँगा।

इन सबसे ऊपर ईश्वर को धन्यवाद, जो मेरे जीवन का सार है। हर पल, मैं स्वयं को आपके प्रति समर्पित करता हूँ और आपके अनुरूप मैं खुद को उसी साँचे में ढला देखता हूँ।

आप सभी को धन्यवाद।

प्रस्तावना

एक दार्शनिक ने कहा है—"हमारे जीवन में हमारी सबसे बड़ी कल्पना से भी बहुत अधिक गुंजाइश है।" शोध के अनुसार हममें से अधिकतर लोग अपने मस्तिष्क की क्षमता का केवल 10 प्रतिशत प्रयोग में लाते हैं। यहाँ तक कि एडिसन और आइंस्टाइन जैसे प्रतिभाशाली लोगों ने भी अपनी पूरी क्षमता का केवल 20 प्रतिशत इस्तेमाल किया। आप कल्पना कर सकते हैं कि मनुष्य की कितनी सारी क्षमता का अब तक लाभ नहीं उठाया गया है तो हम अपने आपको किस हद तक आगे ले जा सकते हैं।

हम मनुष्य अपने अस्तित्व से ही अपने आपको विस्तृत करने के सिद्धांत का उदाहरण प्रस्तुत करते हैं—एक पिन की नोक से भी छोटे एक सूक्ष्म अणु से हम पाँच, छह, सात या आठ फीट लंबे, पूर्ण विकसित मनुष्य में बदल जाते हैं। प्रकृति एक छोटे से बीज को एक पूरे वृक्ष में बदल देती है! एक रुपए के एक सिक्के में उतना द्रव्यमान होता है, जिसे ऊर्जा में परिवर्तित किए जाने पर उससे कुछ घंटों तक पूरे नई दिल्ली महानगर में रोशनी हो सकती है! एक पल विस्तृत होकर एक मिनट, एक घंटे, एक दिन, एक सप्ताह, एक माह, एक वर्ष, एक दशक, एक शताब्दी, एक सहस्राब्दी और आखिरकार अनंत काल में बदल जाता है! ब्रह्मांड में हर प्रकार का पदार्थ विस्तार-प्रक्रिया का एक उदाहरण है। स्वयं ब्रह्मांड विस्तार की क्षमता का आदर्श रूप है, जो मूल पदार्थों के समूह से उत्पन्न होकर 13.7 अरब वर्षों के बाद भी अब तक विस्तृत हो रहा है।

ऐसे व्यक्ति हुए हैं, जिन्होंने हर युग और पीढ़ी में विस्तार के महत्त्व को साबित किया है। अब्राहम लिंकन एक लैंप पोस्ट की रोशनी में और सात असफल राजनीतिक प्रयासों के बाद स्वयं को विस्तृत करते हुए अमेरिका के राष्ट्रपति पद तक पहुँचे। एडिसन का धैर्य ऐतिहासिक है। उन्होंने 10,000 प्रयोगों (या विफलताओं)

के बाद बल्ब का आविष्कार किया। मूक-बधिर होने के बावजूद हेलेन केलर ने खुद को विकसित किया और पाँच भाषाएँ सीखीं तथा 12 किताबें लिखीं। एंड्रयू कार्नेगी ने घोर गरीबी और फुटपाथों पर अखबार बेचने की स्थिति से अपने आप को आगे बढ़ाया और अपने समय के सबसे अमीर आदमी बने। बिल गेट्स कॉलेज ड्रॉपआउट से दुनिया के सबसे बड़े कॉरपोरेट साम्राज्यों में से एक के मालिक बने—इतना ही नहीं, उन्होंने खुद को कॉरपोरेट उदासीनता से आगे बढ़ाया और सार्वकालिक महान् परोपकारियों में से एक के रूप में उभरे। लांस आर्मस्ट्रांग ने घातक कैंसर की परवाह न करते हुए खुद को विकसित किया और विश्व रिकॉर्ड बनाते हुए लगातार सात बार 'टूर द फ्रांस' जीता। जे.के. रोलिंग ने एक अकेली बेरोजगार माँ से खुद को इतिहास की पहली अरबपति लेखिका के रूप में स्थापित किया। सुनील भारती मित्तल ने अपनी 20,000 रुपए की उधार ली गई पूँजी को 60,000 करोड़ रुपए के साम्राज्य में बदल दिया, जो अब भी बढ़ ही रही है। ओपरा विंफ्रे ने घोर गरीबी देखी थी और आलू के बोरों से बने वस्त्र पहने थे तथा बाद में उस स्थिति में पहुँचीं, जहाँ 'टाइम' पत्रिका ने उन्हें 'दुनिया की सबसे प्रभावशाली महिला' का खिताब दिया और वह इतिहास की पहली अश्वेत अरबपति महिला बन गईं। उपर्युक्त सिर्फ कुछ प्रसिद्ध उदाहरण हैं—यदि आप अपने आस-पास अपने परिवार, मित्रों, परिचितों या पड़ोसियों की ओर देखें तो आपको ऐसे ढेरों उदाहरण मिलेंगे, जो किसी-न-किसी रूप में विकसित होने की शक्ति को साबित करते हैं।

सिर्फ व्यक्ति नहीं, बल्कि देश और शहर भी खुद को विस्तृत करने की शक्ति से बहुत लाभान्वित होते हैं। दुबई और सिंगापुर इसके आदर्श उदाहरण हैं। चालीस वर्ष पहले तक दुबई एक रेगिस्तानी बंजर देश और सिंगापुर एक गरीब उपनिवेश था। दोनों देश भोजन और जल जैसी मूलभूत जरूरतों के लिए भी बाहरी दुनिया पर निर्भर थे। आज उन्होंने अपनी प्राकृतिक सीमितताओं पर काबू पा लिया है और दुनिया की बेहतरीन जीवन-शैली वहाँ पर देखने को मिलती है। जापान बार-बार प्राकृतिक आपदाओं से तहस-नहस हुआ है, फिर भी आज उसकी अर्थव्यवस्था दुनिया की बेहतरीन अर्थव्यवस्थाओं में से एक है। द्वितीय विश्व युद्ध में यूरोप पूरी तरह उजड़ गया था, मगर देखिए, आज वह कहाँ है! अमीरात इस बात का सबसे अच्छा उदाहरण है कि आप अपने आपको विकसित करते हुए क्या कर सकते हैं। मरुस्थल में भी आज उनके पास लूव्र, फॉर्मूला वन, क्रिस्टीज, दुनिया की सबसे ऊँची इमारत, गगनचुंबी इमारतें हैं। चीन की कहानी विकसित होने की क्षमता का

एक और उदाहरण है। वर्ष 1984 में जाकर ओलंपिक में भाग लेना शुरू करनेवाला (बहिष्कार के बाद) देश अचानक 2008 ओलंपिक में दुनिया के सबसे अधिक स्वर्ण पदक विजेताओं का देश बन गया—सिर्फ पच्चीस सालों में! कैसे? लगातार अपने आपको विस्तृत करने की ताकत से। जहाँ तक उनकी आर्थिक कहानी का प्रश्न है, नतीजा दुनिया के सामने है।

अगर आप ध्यान दें, अधिकतर लोग अपनी प्रतिभा को दबाकर रखते हैं। वे अपने आपको बहुत अधिक जकड़कर रखते हैं। हर व्यक्ति के लिए दिन में 24 घंटे होते हैं—चाहे कोई कुछ भी हो या कुछ भी करता हो, किसी को 24 घंटों से अधिक समय नहीं मिल सकता। उस निर्धारित समय-सीमा में भी यदि कोई खुद को विस्तृत नहीं करता तो इसका अर्थ है कि उसने सीमाओं को अपने जीवन की विशेषता के रूप में स्वीकार कर लिया है। आप जो भी करें, बस उन जैसे न बनें, जो अपनी प्रतिभा को प्रदर्शित किए बिना जीते और मर जाते हैं। खोल से बाहर निकलें और अपनी प्रतिभा दरशाएँ। यह तभी संभव होगा, जब आप खुद को विस्तृत करेंगे।

इसके साथ इस बात पर जोर देना चाहिए कि खुद को विस्तृत या विकसित करने का अर्थ खुद को निचोड़ डालना नहीं है। इन दोनों के बीच एक महीन रेखा है। जब आप खुद को विस्तृत करते हैं तो आप वह अपने शरीर, मस्तिष्क और आत्मा के समग्र संतुलन के अनुरूप करते हैं, न कि किसी एक चीज से। खुद को विस्तृत करने का अर्थ यह नहीं है कि आप खुद को आराम या नींद से वंचित करें, न ही इसका अर्थ है कि आप मोमबत्ती को दोनों सिरों से जलाएँ। एक सिरे से उसे जलाना ही काफी है, बशर्ते आप उसे सही तरीके से जलाएँ।

एक बार आप खुद को विस्तृत करते हुए सही दिशा में कदम उठाएँ तो आपका जीवन स्वत: दिन-ब-दिन अधिक बड़ा, बेहतर और ऊँचा मुकाम पाता जाएगा। जैसा कि रॉबर्ट एच. शुलर ने कहा था—

"एक बार शुरू होने के बाद सफलता कभी रुकती नहीं, क्योंकि सफलता अनंत है। यहाँ तक कि सूरज का डूबना बीते हुए दिन का अंत नहीं है, क्योंकि वह दिन अटल इतिहास का एक हिस्सा बनते हुए शाश्वत हो चुका है।"

तो अपनी सफलता और अपने जीवन को वास्तव में आरंभ होने दीजिए; क्योंकि एक बार ऐसा होने पर वह कभी समाप्त नहीं होगा। अपने जीवन के प्रत्येक क्षेत्र में अपने आपको विकसित कीजिए। हर रोड़े को अपनी सीढ़ी बना लीजिए।

अपने आपको विकसित करना एक अद्‌भुत पुनर्जागरण को प्रेरित करेगा, आपका पूरा जीवन संपूर्ण रूप से बदल जाएगा और आपको अनगिनत लाभ प्राप्त होंगे।

आनेवाले सात अध्यायों में आप जानेंगे कि जीवन को प्रत्येक स्तर—मानसिक, शारीरिक, आध्यात्मिक, आर्थिक, मानवीय, व्यावसायिक और व्यक्तिगत—पर उच्चतम सीमा तक कैसे ले जाएँ। मैं यह कहना चाहता हूँ कि यह कोई सत्य का संदेश नहीं है या न ही जीवन जीने की एकमात्र विधि है, बल्कि यह सिर्फ मेरे अनुभवों एवं विचारों का सार है और इसे यथार्थ रूप में कैसे किया जा सकता है। यह उन सभी तकनीकों का एक मिश्रण है, जिन्होंने मेरे जीवन में मेरी बहुत सहायता की है—चाहे वह ग्रासिम मिस्टर इंडिया 2003 प्रतियोगिता में हो, मेरी पत्नी रैनिका और मेरा एशिया के सबसे अनूठे फोटोग्राफर दंपती के रूप में स्थापित होने में या अब तक लगभग 15,000 लोगों के लिए मेरे अंक ज्योतिष परामर्शों में। इसलिए मैंने जो कुछ सीखा है, उसका सार तत्त्व आपको सौंपने का जिम्मा लिया है। जैसे-जैसे आप आनेवाले पृष्ठों को पलटेंगे, आप मेरे साथ सहमत भी हो सकते हैं और असहमत भी। लेकिन मेरा आपसे अनुरोध है कि आप एक खुला दिमाग और इच्छुक हृदय रखें।

नील डोनाल्ड वॉल्श ने 'कन्वर्सेशंस विद गॉड' में बहुत ही खूबसूरती से कहा है—''समस्त जीवन का एक ही उद्‌देश्य है—और वह है आपके और हर जीव द्वारा पूर्णता का अनुभव करना। इस उद्‌देश्य की विशेषता यह है कि यह अनंत है। अंत एक सीमा है और ईश्वर का उद्‌देश्य ऐसी किसी सीमा के परे है। यदि ऐसा कोई पल आता है जब आप खुद को अपने पूर्ण प्रताप में अनुभव करें, तो आप तत्काल उससे भी उदात्त उद्‌देश्य के पूर्ण होने की कल्पना करेंगे।'' इसलिए आप उस महानतम उद्‌देश्य की कल्पना कीजिए, जो आप पूर्ण कर सकते हैं और उसमें अपना सबकुछ झोंक दीजिए।

अगर आप इस पर नजर डालें तो आप ही खुद को आगे धकेलते हैं और आप ही खुद को पीछे खींचते हैं, और कोई नहीं। आपके जीवन और आपकी सफलता का दायित्व पूरी तरह आप पर है। जैसा कि कहते हैं—''एक पहाड़ और बड़ा नहीं हो सकता, लेकिन आप हो सकते हैं!'' इसलिए अपने आपको विस्तृत करें। अपने आपको किसी भी पहाड़ से बड़ा बनाएँ और अपने सपनों को जीवंत बनाएँ, जैसा सिर्फ आप कर सकते हैं।

अध्याय 1

मानसिक

“जो स्थिति आपके दिमाग की है, वही आपकी खोज की है–आप जिस चीज की इच्छा करेंगे, वह पा लेंगे।”

— रॉबर्ट ब्राउनिंग

1

केवल बड़ा सोचें

डिजरायली ने एक बार कहा था—"जीवन बहुत छोटा है और हमें संतोषी नहीं होना चाहिए।"

अपने आपको भव्यतम रूप में देखने की दिशा में आपका अनवरत प्रयास होना चाहिए। आप अपने लिए जिस सबसे ऊँचे स्तर की कल्पना कर सकते हैं, उसके लिए मेहनत करनी चाहिए। अधिकतर लोग अपने आपको संकीर्णता की ओर ले जाते हैं और छोटी चीजों से संतुष्ट होने की मानसिकता रखते हैं। वे बहुत कम से खुश हो जाते हैं—"अगर मुझे 10 प्रतिशत की वेतन-वृद्धि मिल जाए तो मुझे खुशी होगी" या "अगर मुझे अगले शनिवार को छुट्टी मिल जाए तो मैं खुश हो जाऊँगा।" वे कभी 100 प्रतिशत (या 1,000 प्रतिशत) के उछाल या एक महीने की छुट्टी की कल्पना या उम्मीद नहीं करते और यह स्पष्ट है कि उन्हें वह कभी नहीं मिलता; क्योंकि जैसा कि रॉल्फ वाल्डो इमर्सन ने कहा था—"हर कार्य एक विचार से जन्म लेता है।"

अधिकांश मनुष्य एक दायरे में कैद होते हैं और यह सोचते हैं कि उन्होंने अपनी सीमाएँ पा ली हैं। बहुत सारे लोग अपने जीवन में यथास्थिति को स्वीकार कर लेते हैं और घिसटते रहते हैं। वे कभी किसी बड़े लक्ष्य के लिए अपने विश्वास, क्षमता या विचारों को आगे नहीं ले जाते। लेकिन वास्तव में लगातार पहले से बड़ा, बेहतर और ऊँचा होते जाना मनुष्य की नियति है। क्या हम दो लाख वर्ष पहले के होमो सेपियंस से बहुत अधिक विकसित नहीं हैं? क्या सौ वर्ष पहले तक लोग किसी तापमान-नियंत्रित वातावरण में रह सकते थे? अपने गंतव्य तक

उड़कर जा सकते थे? हजारों मील दूर होनेवाली किसी घटना को 'लाइव' देख सकते थे? कहीं से, किसी से भी बात कर सकते थे? विलासितापूर्ण कारों में घूम सकते थे और 4 सेकंड में 0 से 100 किलोमीटर प्रतिघंटा की गति में पहुँच सकते थे? एक बटन क्लिक करके कोई भी जानकारी प्राप्त कर सकते थे? हाथ-पैरों या हृदय का प्रत्यारोपण करा सकते थे? किसी फोटोग्राफिक फिल्म की सहायता के बिना एक छोटे से स्टांप के आकार के मेमोरी कार्ड पर हजारों तसवीरें खींचकर सुरक्षित रख सकते थे? 24 घंटे वाले स्टोरों में शॉपिंग कर सकते थे? एक फोन पर फिल्म देख सकते थे? प्लास्टिक को पैसे का विकल्प बना सकते थे? चाँद पर मनुष्य को उतार सकते थे या मंगल ग्रह और ब्रह्मांड की सुदूर कक्षाओं में उपग्रह भेज सकते थे? जानवरों का क्लोन तैयार कर सकते थे और एक मनुष्य का क्लोन तैयार करने के मुहाने पर हो सकते थे?

यह सब इसलिए हो पाया, क्योंकि कुछ लोग मानव मस्तिष्क की भविष्य को आकार देने की शक्ति में भरोसा करते थे। उनके पास एक दृष्टि थी और उन्होंने उस दिशा में अथक प्रयास किया। उन्होंने कल्पना, संभावना की सीमाओं को ताना और एक स्पष्ट हकीकत को जन्म दिया। इसी तरह, हम सब मानवता के एक खूबसूरत भविष्य और उतने ही अद्‌भुत वर्तमान को जन्म दे सकते हैं, अगर हम जो हैं, उससे परे जो हो सकता है, उसके बारे में सोचना शुरू कर दें। उस वादे को पूरा करने के लिए हमें बस अपने छोटे से संदूक से निकलना है और कुछ बड़ा सोचना है।

नेपोलियन हिल ने एक बहुत अच्छी बात कही थी—"मस्तिष्क की कोई सीमा नहीं है, सिर्फ वही हैं, जिन्हें हम मानते हैं। यदि आप सोचते हैं कि आप कुछ कर सकते हैं, या आप सोचते हैं कि आप नहीं कर सकते तो अवरोध पूरी तरह आपके दिमाग में होता है।"

आधी दुनिया की उड़ान भरनेवाले पहले नेत्रहीन व्यक्ति और 'पृथ्वी के सबसे कठिन फुट रेस', 150 मील लंबे मैराथन डेस सेबल्स में दौड़नेवाले माइल्स हिल्टन बारबर ने एक बार कहा था—"आपकी कामयाबी आपके दोनों कानों के बीच लगभग पाँच इंच की दूरी के भीतर निहित होती है।"

कटसुसुके यानागिसावा ने जैविक आयु के हर ज्ञात घेरे को विस्तृत करते हुए इकहत्तर वर्ष की आयु में माउंट एवरेस्ट को फतह किया। जब बाद में उनसे पूछा गया कि उन्होंने यह कैसे किया, तो उन्होंने कहा, "लोग मुझे हमेशा यह

कहते रहे कि वह क्यों असंभव है। मैं बस यह सोचता रहा कि वह क्यों संभव है।'' बड़ी सोच का चमत्कार इतना ही सरल और शक्तिशाली है। उससे सामना होने पर सबसे ताकतवर पहाड़ भी छोटा पड़ जाता है।

डोनाल्ड ट्रंप ने कभी कहा था—''सफल होने के लिए आपको शेष दुनिया के 98 प्रतिशत लोगों से खुद को अलग करना होगा। निश्चित रूप से आप सबसे ऊँचे स्थित उस विशिष्ट दो प्रतिशत में शामिल हो सकते हैं और इसके लिए सिर्फ चतुर होना, मेहनत करना और बुद्धिमत्ता से निवेश करना पर्याप्त नहीं है। कामयाबी का एक फॉर्मूला, एक रेसिपी है, जिसे दो प्रतिशत लोग अपनाते हैं और आप भी कामयाब होने के लिए उसे अपना सकते हैं। वह है—बड़ा सोचो और जुट जाओ।''

दुनिया के अब तक के सबसे कामयाब निवेशक वारेन बफेट को हार्वर्ड बिजनेस स्कूल द्वारा प्रवेश देने से मना कर दिया गया था। उनके पहले नियोक्ता ने उन्हें ठुकरा दिया था, जब उन्होंने अपनी नि:शुल्क सेवाओं का प्रस्ताव रखा और अपने पहले व्यावसायिक निवेश में बुरी तरह विफल रहे। लेकिन एक चमत्कारी तावीज ने उनकी किस्मत बदल दी और वह दुनिया के सबसे अमीर आदमी बन गए। उनका तावीज था—''बड़ा सोचो और विफलता के बाद सफलता पाओ।''

धीरूभाई अंबानी, जो सप्ताहांतों में गिरनार पहाड़ पर तीर्थयात्रियों को पकौड़े बेचते थे और यमन में एक गैस स्टेशन पर अटेंडेंट के रूप में काम करते थे, ने एशिया का एक विशाल कॉरपोरेट साम्राज्य खड़ा किया। उनका भी जीवन में एक ही मंत्र था, जिसका वह अनुसरण करते थे—''बड़ा सोचो, तेज सोचो, आगे की सोचो।''

ऐसा नहीं है कि जो लोग बड़ा नहीं सोचते, वे सोचते ही नहीं। इस दुनिया में एक भी व्यक्ति ऐसा नहीं है जो सोचता न हो। मेरा कहना है कि अगर आप सोच ही रहे हैं तो क्यों न बड़ा सोचें। नेपोलियन हिल ने एक बार महसूस किया—''दु:ख और गरीबी स्वीकार करने के लिए जितना प्रयास अपेक्षित है, जीवन में ऊँचा लक्ष्य रखने के लिए उससे अधिक प्रयास की जरूरत नहीं है।'' आपको बस एक पहल करनी है, एक संकल्प लेना है कि आपको भव्य विचार रखने हैं। यह एक बर्गर और एक फल के बीच चयन करने जितना आसान है। आप दोनों ही चीजों को खा सकते हैं। आपको बस यह फैसला करना है कि आपको क्या चाहिए।

हमारा मस्तिष्क विचारों का एक अद्‌भुत संग्रह है। यह हमारे ऊपर है कि हम अपनी प्लेट उठाएँ और जो-जो हमें चाहिए, उससे भर लें। इसके लिए बस चुनने की जरूरत है—अपने जीवन को यथासंभव भव्यतम रूप में जीने के लिए एक व्यक्तिगत शर्त। इसके लिए कभी देर नहीं होती। जैसा कि टेनीसन ने कहा था—''मेरे मित्रो! आओ, एक नई दुनिया बसाने के लिए कभी देर नहीं होती।'' इसलिए चलिए, कुछ बड़ा सोचें और एक ऐसी दुनिया बसाएँ, जिसके बारे में हमसे पहले किसी ने सपना भी न देखा हो।

□

2

विचारों के सर्जक बनें

रॉबर्ट एच. शुलर ने कभी कहा था—"किसी को पैसे की समस्या नहीं है। लोगों को बस विचारों की समस्या होती है। इसलिए जब तक आपके पास सही विचार हैं, पैसे की कभी समस्या नहीं होगी।" और यह कितना सच है! माइक्रोसॉफ्ट एक विचार के साथ शुरू हुआ, रिलायंस एक विचार के साथ शुरू हुआ और यही बात पेप्सी, मैकडोनॉल्ड्स, जीई, वॉल्मार्ट, विप्रो एवं असंख्य दूसरे समूहों के बारे में कही जा सकती है। इसी तरह द फाउंटेनहेड, माई फेयर लेडी, कैच-22, गाइड, उलिसेस, गॉन विद द विंड और संपूर्ण साहित्य एक विचार से उत्पन्न हुआ। यही टाइटेनिक, लाइफ इज ब्यूटीफुल, सिटिजन केन, ग्लेडिएटर, दिलवाले दुल्हनिया ले जाएँगे और बाकी फिल्मों के लिए भी सच है। हर संस्थान एक विचार से जनमा। इसी तरह हर दर्शन का जन्म भी एक विचार से ही हुआ। परिवहन का हर साधन—हवाई जहाज, बस, कार, रेलगाड़ी, साइकिल, नाव, स्केट—एक विचार से बना। चारों ओर देखें और किसी भी फर्नीचर, कटलरी, सजावट—कभी भी बनाई गई या उपयोग में लाई गई कोई भी वस्तु—का खाँचा एक विचार से उभरा। खेलों और मनोरंजन के साधनों का आविष्कार भी विचार से ही हुआ। तो इसका सार क्या है? अगर आप कुछ भी महत्त्वपूर्ण करना चाहते हैं तो विचारों का लाभ उठाना शुरू करें।

ऐसे असंख्य विचार मौजूद हैं, जो अपना लाभ उठाए जाने का इंतजार कर रहे हैं। मैंने एक बार कहीं यह स्मरणीय उद्धरण पढ़ा था—"चैंपियन कोई काल्पनिक स्वप्नद्रष्टा या महान् बुद्धिजीवी नहीं होते, बल्कि उनके पास विचार होते हैं।" एक

बार अपनी कामयाबी के पीछे का रहस्य पूछे जाने पर बिल गेट्स ने कहा—"हमारे पास एक शानदार टीम है, जो हर सुबह कुछ बेहतर बनाने के विचारों के साथ काम पर आती है।"

विचार वास्तव में धन उत्पन्न करते हैं। यह कहानी इस बात को सही रूप में साबित करती है—बरसों पहले सबीर भाटिया और जैक स्मिथ एक कंपनी शुरू करना चाहते थे और वे एक महीने तक संभव व्यवसाय योजनाओं पर मेहनत करते रहे। वे अपने नोट्स एक-दूसरे को ई-मेल करना चाहते थे, लेकिन डरते थे कि एप्पल कंप्यूटर्स के उनके बॉस ऑफिस नेटवर्क पर स्थित उनके ई-मेल पढ़ सकते हैं और उन पर अपना कार्य-समय व्यक्तिगत परियोजनाओं पर बिताने के आरोप लग सकते थे। इस समस्या से त्रस्त होकर उन्होंने एक अनूठा आइडिया निकाला—मुफ्त ई-मेल एकाउंट, जिन्हें वेब पर अज्ञात रूप से देखा जा सकता था। इसके बाद हॉट मेल का जन्म हुआ—शेष जैसा कि कहते हैं, झोंपड़ी से महल तक पहुँचने की बार-बार दुहराई जानेवाली कहानी है।

अगर आप ध्यान से देखें तो ब्रह्मांड में सब कुछ एक विचार से शुरू होता है और फिर वह एक प्रत्यक्ष हकीकत में बदलता है। सिर्फ सही आइडिया के साथ आएँ, दुनिया उसे हाथोहाथ लेने के लिए तैयार बैठी है। एक आइडिया पूरी जिंदगी बदल सकता है—और बदलता है। कभी-कभार आप जान-बूझकर उसे जन्म देते हैं और कभी-कभार वह अचानक आपके दिमाग में कौंध जाता है। जे.के. रोलिंग जिस ट्रेन में मैनचेस्टर से लंदन तक का सफर कर रही थीं, वह कुछ घंटे लेट हो गई। खाली समय के उपयोग के लिए वह कागज के एक टुकड़े पर यूँ ही कुछ आड़े-तिरछे अक्षर लिखने लगीं। अचानक उनके दिमाग में जादूगरी के स्कूल में पढ़नेवाले एक बच्चे की कहानी का खयाल आया—और इस तरह हैरी पॉटर जनमा! इसी तरह सिल्वेस्टर स्टेलोन को मुहम्मद अली और चक वेपनर के बीच एक बॉक्सिंग का मैच देखते हुए 'रॉकी' का आइडिया आया और उन्होंने तीन दिनों में इसकी पटकथा लिख डाली। जयदीप साहनी को 'चक दे इंडिया' का खयाल 2002 कॉमनवेल्थ गेम्स में भारतीय महिला हॉकी टीम के स्वर्ण पदक जीतने के बारे में अखबार में छपी एक खबर से आया। जैसा कि पो ब्रोसनन ने एक बार कहा था—"किसी को भी कोई आइडिया आ सकता है। और बेहतरीन आइडियाज आपके आस-पास ही होते हैं।"

नए प्रभावों को ग्रहण करने के लिए तैयार रहें और किसी भी नए विचार से

हिचकिचाएँ नहीं। अपने लिए अपने जीवन के किसी भी पहलू के संबंध में तीन महीने तक हर सप्ताह एक नया आइडिया लाने का एक लक्ष्य तय करें। थॉमस एडिसन इसी तरह काम करते थे। उनके पास एक 'व्यक्तिगत आइडिया कोटा' था, जिसमें हर दस दिनों में एक छोटे आविष्कार और हर छह महीने में एक बड़े आविष्कार का आइडिया शामिल था। तो इसमें कोई हैरत की बात नहीं कि जब उनकी मृत्यु हुई, उस समय उनके पास 1,093 पेटेंट थे, जो अब भी किसी व्यक्ति के लिए एक विश्व रिकॉर्ड है। हालाँकि आपको शुरू में यह प्रक्रिया कुछ मुश्किल लग सकती है, लेकिन जैसे-जैसे आप आगे बढ़ते हैं, आप पाएँगे कि नए विचार अपने आप आते जा रहे हैं। पर उनकी व्यवहार्यता को खारिज न करें। अधिकतर लोगों के दिमाग में जैसे ही आइडिया आते हैं, वे उन्हें खिड़की के बाहर फेंक देते हैं। उन्हें लगता है कि वह असंभव है, अव्यावहारिक है, 'हमारे लिए नहीं' है। लेकिन वास्तव में अगर हम देखें तो हर सफलता तभी शुरू हुई जब सफलता प्राप्त करनेवाले ने स्पष्ट रूप से एक विचार ग्रहण किया (चाहे वह अवांछित या अजीब रहा हो) और उसे अपने विचार के रूप में अपनाया। उस व्यक्ति ने उस विचार को असंभव मानकर खारिज नहीं किया, बल्कि उसकी संभाव्यता को खँगाला। उन्होंने उस विचार को हकीकत में बदलने की संभावना पर दिमाग लगाया। वे एक नया विचार आने पर उत्साहित हुए और आखिरकार वे पथ-प्रदर्शक बने। एक महान् दूरदर्शी ने कभी कहा था—"विचारों की खासियत यह है कि उनका अपना एक जीवन होता है और वे अपने जन्मदाता व्यक्ति के जाने के लंबे समय बाद तक जीवित रहते हैं।" इसलिए आकर्षक, नए विचारों को उत्पन्न करने के लिए अपने मस्तिष्क को विकसित करें—कौन जानता है कि उनमें से कोई विचार आपको अनश्वरता का अमृत दे जाए!

□

3

अपनी मनः अवस्था जाग्रत् रखें

किसी ने बहुत ठीक कहा है—"सफलता अपने अंदर होती है।" इसका अर्थ यह है कि हमें पहले अपने दिमाग में सोचना होगा कि हम स्पष्ट रूप से क्या चाहते हैं और हम जहाँ हैं वहाँ से परे यह देखना होगा कि हम कहाँ पहुँचना चाहते हैं। यह चीज कैसे काम करती है, यह दिखाने के लिए मैं आपके साथ एक वास्तविक घटना बाँटना चाहता हूँ।

मैं एक लड़की स्वाति को जानता हूँ, जो देहरादून की थी और नौकरी के लिए दिल्ली आई थी। उसकी आर्थिक स्थिति काफी खराब थी और उसके पास अपना किराया या फोन का बिल भरने के लिए पैसे नहीं थे। जो भी हो, अपनी दयनीय स्थिति के बावजूद उसने हालात को अपने उत्साह पर हावी नहीं होने दिया। उस मुश्किल समय में भी उसने कुछ असाधारण किया। उसे खरीदारी का बहुत शौक था और उसकी पसंदीदा जगह थी सेलेक्ट सिटीवॉक, जो दक्षिणी दिल्ली का एक भव्य शॉपिंग मॉल है। वह अपने सबसे अच्छे कपड़े पहनती, अपने घर से दो किलोमीटर पैदल चलकर मॉल तक पहुँचती (क्योंकि वह ऑटोरिक्शा का खर्च भी नहीं वहन कर सकती थी) और घंटों तक केल्विन क्लीन, टॉमी हिल्फिगर और मैंगो के शो विंडो में निहारती रहती, फिर आत्मविश्वास के साथ एक ग्राहक की तरह अंदर जाती। उसे जो भी परिधान पसंद आते, उसे उठाती, उन्हें ट्राइंग रूम में ले जाती, शीशे के सामने तैयार होती और आखिरकार कोई-न-कोई नुक्स निकालकर उन्हें अलग रख देती। वह खुद से कहती कि एक दिन वह ये सभी परिधान खरीद पाएगी। मजे की बात यह है कि उसने यह सब अपने जीवन के सबसे मुश्किल

समय में किया, जब और कोई मॉल के अंदर जाना तो दूर, उसकी ओर देखता भी नहीं। जब मैंने उससे इस असामान्य व्यवहार का कारण पूछा तो उसने कुछ ऐसा कहा, जिसने मुझे बहुत अधिक प्रभावित किया। उसने कहा—"मैं ऐसी जगह होना चाहती थी जहाँ मैं अपने दिमाग को प्रेरित कर सकूँ। मैंने सोचा कि अगर मैं संपन्नता के बीच हो सकती हूँ तो मेरी किस्मत भी उसी ओर चलेगी।" मैंने सोचा कि यह कितना प्रेरक दृष्टिकोण है! वह सप्ताह में दो बार बिना नागा वहाँ जाती, चाहे उसके पास खाने के लिए भी पैसे नहीं होते। और तीन महीने के अंदर उसे एक मल्टीनेशनल बैंक में बहुत अच्छी नौकरी मिल गई। उसकी आर्थिक चिंताएँ दूर हो गईं और उसे जो कपड़े पसंद थे, अब उन्हें सिर्फ खिड़की से देखने की बजाय वह उन्हें खरीद पा रही थी। अब कुछ लोग इसे किस्मत की बात कहेंगे, लेकिन इसका श्रेय उसकी हिम्मत को देना चाहिए। उसमें उस जगह जाने की हिम्मत थी, जहाँ वह होना चाहती थी और पूरे ब्रह्मांड ने उसकी मदद की। 'द एल्कीमिस्ट' की यह पंक्ति बहुत अच्छी है—"ब्रह्मांड में बीज बोओ और पूरा ब्रह्मांड आपको आपकी इच्छित वस्तु दिलाने के लिए जुट जाएगा।"

अपनी पुस्तक 'माइ लाइफ इन तिब्बत' में गुरु दिंग ले मेइ बताते हैं कि तिब्बती पुरुष घंटों तक शून्य से कम तापमानवाले मौसम में बिना कपड़ों के बैठे रहते थे और समूचे शरीर में ऐसा ताप बरकरार रखते थे कि उनके आस-पास की बर्फ पिघल जाती थी। वे लंबे समय तक बिना साँस लिये रह सकते थे, अपने दिल की धड़कन को लगभग शून्य तक धीमा कर सकते थे और सिर्फ एक दृष्टि से खूँखार जंगली पशुओं को दूर रख सकते थे। उन्होंने ऐसा 'ताहुमो' नामक एक तकनीक, यानी शरीर पर विजय प्राप्त करने के लिए दिमाग, के अनुकूलन से संभव बनाया। मस्तिष्क की शक्ति इतनी शक्तिशाली होती है।

आप आसमान को देखकर यह कह सकते हैं—'यह कितना नीरस है' या यह कह सकते हैं—'यह कितना बड़ा है'। यह बस दिमाग को अनुकूलित करने और उसे प्रशिक्षित करने की बात है। अपने ऊपर दया करना छोड़कर आत्मसम्मान जगाएँ और फिर चमत्कार होते देखें। नतीजे ठोस और स्थायी हों, इसके लिए मस्तिष्क को पूर्णत: नया रूप देना होगा। जैसा कि किसी ने कहा है—"जीवन बस एक दर्पण है और बाहर की दुनिया अंदर की दुनिया का प्रतिबिंब है।" एक बार आप अपने अंदर सफलता प्राप्त कर लें, बाहर खुद-ब-खुद वह प्रतिबिंबित होगा। बिलकुल इसी तरह कंप्यूटर काम करता है—अगर सॉफ्टवेयर करप्ट हो गया है तो

बस आपको उसे रीलोड करना होगा। इसी तरह, यदि एक विचारधारा काम नहीं कर रही है तो आपको बस अपने दिमाग को रिप्रोग्राम करना होगा।

अगर आपका घर गंदा है तो आप तब तक अतिथियों को आमंत्रित नहीं कर सकते, जब तक कि आप उसे साफ न कर लें। इसी तरह यदि आपके वर्तमान विचार आपको कामयाबी नहीं दिला रहे हैं तो आप तब तक बदलाव नहीं ला सकते, जब तक कि पहले अपने मस्तिष्क को पुराने विचारों से स्वच्छ न कर लें। जैसा कि जोहान वॉन गोथे ने कहा था—"जिस पल कोई व्यक्ति खुद को पूर्णत: समर्पित कर देता है, ईश्वर भी उसके साथ चलता है।" जैसे ही आप अपने मस्तिष्क में नए विचार डालते हैं, सारी ब्रह्मांडीय शक्तियाँ अनुकूल रूप में काम करती हैं। लगातार अपने दिमाग को चमकीले और खुशनुमा विचारों, शब्दों एवं भावनाओं से भरते रहें और आपका जीवन वैसा ही आकार ग्रहण कर लेगा। अपने दिमाग को बेहतरीन देखने के लिए प्रशिक्षित करें और बेहतरीन आपके पास आ जाएगा। जैसा कि विलियम ब्लैक ने कहा था— "जो अब प्रमाणित है, वह कभी सिर्फ कल्पित था।" इसलिए अकल्पित की कल्पना करें और उसे अपनी वास्तविकता बनाएँ।

□

4

लक्ष्य को ऊँचा करें

कैप्टन कुक ने एक बार कहा था—"मेरा लक्ष्य न केवल वहाँ तक जाने का है, जहाँ तक कोई पहले कभी नहीं गया, बल्कि वहाँ तक जाने का है, जहाँ तक एक व्यक्ति के लिए जाना संभव है।" अधिकांश मानव जाति की समस्या प्रतिभा की कमी नहीं, बल्कि यह सच्चाई है कि वह थोड़े से ही संतुष्ट हो जाता है। अधिकतर लोगों के हीन रह जाने की वजह यह है कि वे अपने पैरामीटर बहुत नीचा रखते हैं। इसके विपरीत, चैंपियन या विश्वस्तरीय कामयाबी पानेवाले लोग अपने व्यक्तिगत मानक बहुत ऊँचे निर्धारित करते हैं। वे सिर्फ कभी-कभार अपने आपको आगे की ओर नहीं बढ़ाते, बल्कि हर उपलब्ध अवसर का लाभ उठाते हैं। उनके लिए व्यक्तिगत श्रेष्ठता अनजाने में नहीं, बल्कि जान-बूझकर प्राप्त की जाती है। अपने जीवन को अधिकतम रूप में जीने के लिए हमें अपने आपको सामान्यता से उत्कृष्टता की ओर अधिकतम सीमा तक विकसित करना होगा। यह सच है कि उत्कृष्टता कठिन व्यक्तिगत प्रतिबद्धता माँगती है, लेकिन एक बार उसके अभ्यस्त हो जाने पर आप उससे कम के लिए तैयार ही नहीं होंगे। जैसे यदि आपने एक दुर्लभ हीरे का सौंदर्य और भव्यता देख ली है तो आपको नकली काँच की चमक आकर्षित नहीं करेगी। इसी तरह, अगर आपने अपने लिए ऊँचे मानदंड निर्धारित किए हैं तो आप साधारण, सामान्य स्तर नहीं चाहेंगे। आप उत्कृष्टता के इतने आदी हो जाएँगे कि सामान्यता आपको रास नहीं आएगी। रितिक रोशन ने एक बार कहा है—"कुछ महान् कलाकार हैं और कुछ ऐसे कलाकार हैं, जो सिनेमा को परिभाषा देते हैं। मैं दूसरी श्रेणी में जगह बनाना चाहूँगा।" तो इसमें कोई हैरत की बात नहीं

कि उत्कृष्टता के लिए अपनी प्रतिबद्धता के साथ उन्होंने हर बॉलीवुड अभिनेता के लिए एक नया बेंचमार्क तय कर दिया है।

मुझे लगता है कि लक्ष्य को कैसे ऊँचा किया जाता है, उसका प्रमाण महान् अमेरिकी तैराक माइकल फिलिप्स हैं। वर्ष 2008 बीजिंग ओलंपिक में विश्व रिकॉर्ड, आठ स्वर्ण पदक जीतने के तुरंत बाद उन्होंने चार वर्ष बाद लंदन ओलंपिक की तैयारी करनी शुरू की। वह बैकस्ट्रोक जैसे नए कार्यक्रमों के द्वारा अपने तैराकी कौशल को अगले स्तर तक ले जाने के लिए प्रतिबद्ध थे। उन्होंने कहा, "ओलंपिक के तुरंत बाद हमारी (एथलीटों की) मानसिकता अगले चार वर्षों पर केंद्रित होती है कि हम अपनी तैयारी में बदलाव कैसे ला सकते हैं और कुछ नई चीजों को कैसे आजमाएँ। फिलहाल मैं इसके लिए तैयारी कर रहा हूँ। मैंने कभी किसी बड़ी अंतरराष्ट्रीय प्रतियोगिता में बैकस्ट्रोक या 100 मीटर फ्रीस्टाइल तैराकी नहीं की। इसलिए मेरे कोच ने अब तक मुझे जो कुछ भी सिखाया है, उसे बाहर फेंकने जा रहे हैं और कुछ पूरी तरह अलग चीज आजमाने जा रहे हैं, सिर्फ यह देखने के लिए कि वह कैसे काम करता है। मैं अगले चार सालों के लिए रोमांचित हूँ।" क्या उत्साह है! हममें से अधिकतर लोग बस ओलंपिक में भाग लेने या बस वहाँ जाने से संतुष्ट हो जाएँगे। लेकिन उस व्यक्ति की ओर देखिए, जिसने इतनी उम्र में ही किसी से भी अधिक ओलंपिक स्वर्ण पदक जीते हैं। वह कहता है—"मैं कुछ बिलकुल अलग चीज आजमाना चाहता हूँ।" निश्चित रूप से वह जानता है कि लक्ष्य को ऊँचा कैसे करना है।

सौ से अधिक पुस्तकें लिखने के बाद आर.एल. स्टाइन ने सोचा कि उन्होंने बहुत लिख लिया और वह लिखना बंद करने वाले थे; लेकिन जब उन्होंने दक्षिणी अमेरिका के एक व्यक्ति के बारे में सुना, जिसने लगभग 1,000 पुस्तकें लिखी थीं, उन्होंने अपने आपको और प्रेरित करने का फैसला किया तथा उसके बाद 150 किताबें और लिखीं। तो चाहे आपने अब तक जो भी किया हो, हमेशा लक्ष्य को और ऊँचा करने की गुंजाइश होती है। 1 मील का बैरियर कभी 4 मिनट से कम समय में पूरा नहीं किया गया था, जब तक कि रोजर बैनिस्टर ने 1954 में उसे नहीं तोड़ा, और तब से उसे सैकड़ों बार तोड़ा जा चुका है। यही 100 मीटर दौड़ के साथ हुआ—सबसे पहले 1968 में जिम हाइंस ने उसे 10 सेकंड में पूरा किया और तब से हजारों बार इस रिकॉर्ड को तोड़ा जा चुका है। 29 शतकों का डॉन ब्रैडमैन का रिकॉर्ड लगभग चालीस सालों तक नहीं टूटा; लेकिन फिर आखिरी दो दशकों में उसे सात

बार तोड़ा जा चुका है। हर लैंडमार्क पीछे छोड़ने के लिए होता है, हर रिकॉर्ड तोड़ने के लिए होता है, हर कामयाबी और अधिक सुधार के लिए होती है। लेकिन सिर्फ उनके द्वारा, जो खुद पर भरोसा करते हैं, अपने आपको उच्चतम स्तर तक ले जाते हैं और अपने लक्ष्य को ऊँचा करते हैं। ऐसा करते हुए वे मौजूदा स्तरों और पैमानों को फिर से परिभाषित करते हैं। वे सिर्फ अपना स्तर नहीं बढ़ाते, बल्कि पूरी मानव जाति का स्तर ऊँचा करते हैं। उनके समकालीनों और उत्तराधिकारियों के पास नए बेंचमार्क होते हैं। अगली बार जब आप अपने आपको देखें तो यह मत सोचिए कि आप क्या करते हैं, बल्कि यह कि आप क्या कर सकते हैं। हमेशा खुद को सबसे ऊँचाई और भव्यता में देखिए। अपना दिमाग दृढ़ता से इस पर लगाएँ कि आप कितने बेहतर हो सकते हैं और प्रकृति के कानून से वह प्रदर्शित होगा। यह आपके जीवन के प्रत्येक पहलू पर लागू होता है। दादा वासवानी ने एक बार कहा था— ''जीवन पूर्णता की ओर चहलकदमी है। हमें प्रत्येक दिन अधिक-से-अधिक परफेक्शन प्राप्त करना चाहिए।'' यही हमारी नियति है, इस पृथ्वी पर हमारा उच्चतम लक्ष्य!

□

5

हमेशा सकारात्मक दृष्टिकोण अपनाएँ

एंथनी डि' एंजेलो ने यह खूबसूरत पंक्ति कही, जो मेरे पसंदीदा वाक्यों में एक है—"आप जहाँ भी जाएँ, चाहे कोई भी मौसम हो, हमेशा अपनी धूप लेकर आएँ!" सकारात्मक प्रवृत्ति रखना हर चीज को एक नया आयाम देती है। एक आशावादी व्यक्ति के लिए धुँधले दिन भी चमकीले होते हैं और एक निराशावादी व्यक्ति को चमकीले दिन भी धुँधले नजर आते हैं। जैसा कि कहा जाता है—"सब अपने दिमाग में होता है।" खुशी या उदासी बाहर नहीं होती, वह हमारे भीतर रहती है। कुछ लोगों के पास सब होता है, फिर भी वे अवसाद से ग्रस्त होते हैं; जबकि कुछ लोग सबकुछ ठीक न होने के बावजूद खुश रहते हैं।

जिस तरह अँधेरा सिर्फ रोशनी से दूर किया जा सकता है, जीवन की नकारात्मकता को सिर्फ सकारात्मक दृष्टिकोण से ही खत्म किया जा सकता है। अपने दिमाग में लगातार सकारात्मक अनुभव, विचार और यादें लाएँ। जिस पल कोई नकारात्मक सोच दिमाग में आए, तत्काल उसे हटाकर दिमाग को एक सकारात्मक विचार की ओर ले जाएँ। जिस तरह रेडियो या टी.वी. चैनल में हमारे पास अपनी इच्छा से दूसरे कार्यक्रम पर जाने का विकल्प होता है, हम इच्छित मानसिक विचार की ओर जा सकते हैं, बशर्ते हम ऐसा करना चाहें।

एक मैगनेट की तरह हमारा मस्तिष्क भी उस ओर आकृष्ट होता है, जिस बारे में हम अधिक सोचते हैं। आप एक खास स्थिति पर जितना अधिक सोचेंगे, उतना

ही वे परिस्थितियाँ आपके जीवन की ओर आएँगी। जैसा कि जोएल ओस्टीन ने कहा है—''आप सोचिए कि आप क्या सोचते हैं।'' अपने विचारों पर गौर करें—जिस पल आप अपने विचारों को नकारात्मकता की ओर जाते पाएँ, खुद को बदलें। जीवन में सबकुछ दृष्टिकोण पर निर्भर करता है। यह बिलकुल सही कहा गया है—''हमारी सफलता योग्यता से नहीं, दृष्टिकोण से निर्धारित होती है।'' विजेता परिस्थितियों का पूरा लाभ उठाते हैं, न कि परिस्थितियाँ उन्हें विजेता बनाती हैं। नकारात्मक परिस्थितियों के वश में हो जाना बहुत आसान है। इसके विपरीत, सकारात्मक रहने में बहुत प्रयास करना पड़ता है। जब आपके आस-पास सबकुछ बहुत अच्छा हो रहा हो, तब सकारात्मक रहना बहुत आसान है। लेकिन जब आप प्रतिकूलता में आशावाद दिखाएँगे, तभी आपके जीवन में वास्तविक, मूलभूत बदलाव आएगा।

इस पंक्ति में बहुत गंभीर सच्चाई है—''यदि आप हँसते हैं तो पूरी दुनिया आपके साथ हँसती है, और यदि आप रोते हैं तो आप अकेले होते हैं।'' यह थोड़ा कड़वा है, लेकिन सच है। हम सब ऐसे लोगों के आस-पास रहना चाहते हैं, जो प्रसन्न रहते हैं और यदि कोई उदास चेहरा रखता है तो हम थोड़ी देर के लिए उसके साथ सहानुभूति जता सकते हैं, लेकिन आखिरकार हम उससे दूर भागने लगते हैं। जीवन एक यात्रा है, गंतव्य नहीं है और सकारात्मक लोग अपने हमसफर लोगों को यह उम्मीद दिखाते हैं कि परिस्थितियों के प्रतिकूल होने के बावजूद एक अच्छे व्यक्ति का लंबे समय तक बुरा समय नहीं रहता। जीवन अच्छे और बुरे समय, उम्मीदों और निराशाओं, उतार और चढ़ाव का मिश्रण होता है, और हम जितनी जल्दी सबकुछ स्वीकार कर लेते हैं तथा हर परिस्थिति में प्रसन्न रहते हैं, हमारा जीवन उतना ही अच्छा होता है।

□

6

अपनी किस्मत स्वयं बनाएँ

एलन की ने एक बार कहा था—''भविष्य के बारे में बताने का बेहतरीन तरीका है उसे खुद गढ़ना।'' हमारा मस्तिष्क जितने शक्तिशाली माध्यमों से लैस है, उनमें किसी बात की पुष्टि करना, यानी सकारात्मक कथन सबसे चमत्कारी और शक्तिशाली है। मैं शाहरुख खान को इस अभ्यास का बेहतरीन पालन करनेवालों में एक मानता हूँ। मुझे याद है कि उन्होंने अपने कैरियर के आरंभ में ही एक पत्रिका को दिए साक्षात्कार में कहा था—''मुझे मालूम है कि मैं सबसे अच्छा हूँ।'' उसी समय मैं समझ गया था कि वह कोई फिजूल बयान या आत्मप्रशंसा नहीं है, बल्कि वह दुनिया के सामने जोर देकर कह रहे थे कि दूसरों के सर्वश्रेष्ठ मानने से पहले वह अपने आपको बता रहे हैं कि वह सर्वश्रेष्ठ हैं। बाद के उन्नीस वर्षों में मैंने देखा है कि उन्होंने अपने जीवन, कैरियर और विरासत को आगे बढ़ाने के लिए लगातार सकारात्मक कथनों का इस्तेमाल किया है। अपने विज्ञापनों, फिल्मों या साक्षात्कारों में वह हमेशा कहते हैं—''गो फॉर द बेस्ट'' (सबसे बेहतर चुनो), ''डेयर टू एस्पायर'' (महत्त्वाकांक्षी बनो), ''ड्रीम बिग'' (बड़े सपने देखो), ''विश फॉर मोर'' (ज्यादा माँगो)। उन्हें मालूम होना चाहिए कि यह सब कैसे काम करता है। उन्होंने राजेंद्र नगर की गलियों से निकलकर दुनिया भर के करोड़ों लोगों के दिल में जगह बना ली है।

मैं व्यक्तिगत रूप से सकारात्मक कथन को प्रमाणित करता हूँ। जब मैंने वर्ष 2003 में ग्रासिम मिस्टर इंडिया प्रतियोगिता में हिस्सा लिया था, तो मैं प्रतिदिन दर्पण के सामने जोर-जोर से कहता था—''मैं टॉप 3 में आऊँगा।'' (काश, मैंने कहा

होता कि मैं प्रतियोगिता का विजेता बनूँगा।) कोई चुंबकीय शक्ति मुझे अभिभूत कर देती और मुझे ऐसा लगता मानो मैं किसी भी चीज और किसी भी व्यक्ति का सामना कर सकता हूँ। जब भी मेरा भरोसा हिलने लगता, मैं सकारात्मक कथनों का अभ्यास करना शुरू कर देता और उससे मुझे वाकई मदद मिली।

कुछ लोग सकारात्मक कथनों को फिजूल बताते हुए खारिज कर देते हैं; लेकिन मैं आपको बता दूँ—दुनिया भर के कई सर्वश्रेष्ठ एथलीटों, कलाकारों, कारोबारियों और परफॉर्मरों ने अपने आपसे बातचीत करने का खूब अभ्यास किया है। उनकी ताकत और क्षमता मानव गतिविधि के हर क्षेत्र में प्रमाणित हुई है। भोजन करने या सोने से पहले प्रार्थना की सदियों पुरानी परंपरा भी इसीलिए है, ताकि सकारात्मक विचार हमारे अवचेतन मस्तिष्क में प्रवेश करें। यदि आप आस-पास देखें, आप अपने जीवन में ऐसे कितने लोगों से मिले होंगे, जिन्होंने कभी इन शब्दों का प्रयोग किया होगा—"मैं सबसे बेहतर हूँ"? मैं दावा कर सकता हूँ कि बहुत कम लोग ऐसे रहे होंगे। और जो कुछ लोग ऐसा करते हैं, वे वास्तव में अपने क्षेत्र में बेहतरीन बनते हैं या बनने की राह पर होते हैं।

यह याद रखना चाहिए कि सकारात्मक कथन तभी कारगर होते हैं, जब आप अपने शब्दों में भावनाएँ भी जोड़ें। आप मशीन या रोबोट की तरह सकारात्मक कथनों का अभ्यास नहीं कर सकते। सभी भावनाओं में भरोसा सबसे शक्तिशाली भावना है। इसलिए जब भी आप अपने अवचेतन मस्तिष्क को जाग्रत् करें, उसे भरोसे, स्वीकरण और विश्वास की भावना के साथ करें।

सकारात्मक कथनों की विशेषता यह है कि आप हमेशा उन्हें विशेष रूप दे सकते हैं; जैसे यदि आप एक केमिस्ट हैं तो कह सकते हैं—"मैं सबसे अच्छा केमिस्ट हूँ।" यदि आप स्वास्थ्य पाना चाहते हैं तो कह सकते हैं—'मुझे दिव्य स्वास्थ्य और उत्साह प्राप्त है।" यदि आप धन कमाना चाहते हैं तो कह सकते हैं—"मेरे जीवन में बहुत धन और संपन्नता है।" यदि आप अकेले हैं तो यह कह सकते हैं—"मेरा जीवनसाथी मेरे जीवन में आनेवाला है या मेरे पास बहुत अच्छे मित्र हैं।" यदि आप रुष्ट हैं—"मैं बहुत शांत चित्त हूँ।" यदि आप अवकाश चाहते हैं—"मैं बहुत मजे और शान से यात्रा कर रहा हूँ।"

अपने स्वगत भाषण में अस्पष्ट न रहें। इसकी बजाय बिलकुल स्पष्ट रूप से अपनी बात कहें। आप जितनी स्पष्टता दिखाएँगे, आपका मस्तिष्क उतना ही एकाग्र होगा और वह उतनी ही जल्दी उन स्थितियों को आकर्षित करेगा। साथ ही सकारात्मक

कथनों को जितना हो सके, उतने कम अंतराल में और उदारता से इस्तेमाल करें। आपके पास जो भी खाली समय हो—नहाते समय, भोजन पकाते समय, कार ड्राइव करते समय, घरेलू काम निपटाते हुए—उसे अपनी किस्मत की पुष्टि करने के लिए इस्तेमाल करें। आप जितना अधिक सकारात्मक कथनों का इस्तेमाल करेंगे, आपका जीवन उतना ही शक्तिशाली होगा।

सबसे अधिक आप शब्दों को चुनते समय बहुत सावधान रहें। हमेशा अपनी समस्याओं के बारे में बात करनेवाले लोग स्थायी पीड़ा में रहते हैं। वे कहते रहते हैं—"मुझे देखो, मैं कितना दयनीय हूँ।" कोई हैरत की बात नहीं कि वे हमेशा दुःखी रहते हैं। जैसा कि जोएल ओस्टीन ने कहा है—"अपनी परिस्थिति का वर्णन करने के लिए अपने शब्दों का इस्तेमाल न करें। उसकी बजाय अपनी परिस्थिति को बदलने के लिए अपने शब्दों का इस्तेमाल करें।" इसलिए अपने अभावों और कमियों की बजाय अपनी इच्छाओं और महत्त्वाकांक्षाओं को शब्दों में ढालें। एक सरल प्रयोग करें—अगली बार जब आपका कहने का मन करे कि "मेरे साथ बुरा क्यों हो रहा है?" अपने आपको रोक लें और कहें, "सब बढ़िया है।" आपको आश्चर्य होगा कि वास्तव में सबकुछ कितना बढ़िया हो जाएगा। इसलिए सकारात्मक कथनों का इस्तेमाल करें—कभी-कभार नहीं बल्कि लगातार और देखें कि आपका जीवन कैसे बेहतर हो जाता है!

□

7

एक नई राह का निर्माण करें

एक शोध के अनुसार सिर्फ एक नई चीज शुरू करने की क्रिया आपकी मानसिक क्षमता 15 प्रतिशत तक बढ़ा देती है। कल्पना कीजिए, यदि आपको तीन वर्षों तक प्रत्येक वर्ष दो नए काम करने पड़ें तो आपकी मानसिक क्षमता लगभग 100 प्रतिशत बढ़ जाएगी। इसकी खास बात यह है कि रुचि, कौशल या परिस्थितियाँ जो भी हों, आपके पास चुनने के लिए असंख्य विकल्प हैं—यदि आप भाषाविद् हैं तो एक नई भाषा सीख सकते हैं; यदि आप दूसरों के साथ अपने विचार बाँटने के शौकीन हैं तो एक ब्लॉग शुरू कर सकते हैं; यदि आप सामाजिकता-प्रेमी हैं तो डांस सीख सकते हैं; यदि आप खेलों में रुचि रखते हैं तो आपके लिए टेनिस, तैराकी, गोल्फ, शूटिंग या क्रिकेट सीखने का विकल्प है। यदि आप रचनात्मक हैं तो पेंटिंग, मूर्तिकला, फोटोग्राफी, स्केचिंग या पॉटरी की कक्षाओं में जा सकते हैं। यदि रोमांचक काम करना चाहते हैं तो रिवर राफ्टिंग के बारे में क्या विचार है? आपको बस अपने आपसे यह पूछना है कि आप किस क्षेत्र में हाथ आजमाना चाहेंगे या किस कौशल को और माँजना चाहेंगे, और फिर उसके पीछे पड़ जाएँ।

किसी शौक को आजमाने के अलावा अपने दैनिक जीवन में छोटा-मोटा नयापन लाना भी आपके मानसिक स्वास्थ्य के लिए अद्‌भुत हो सकता है। छोटी सी चीज, जैसे अपने घर या दफ्तर जाने के सामान्य रास्ते से अलग रास्ता लेना; एक नए रेस्तराँ में खाना या पुरानेवाले में ही खाने पर कोई नया व्यंजन आजमाना; कोई नया शैंपू, टूथपेस्ट, परफ्यूम या जेल इस्तेमाल करना; सामान्य दिनों से हटकर बिस्तर के दूसरी ओर सोना; अपने साथी को अलग-अलग संबोधनों से बुलाना; पिकनिक पर ले जाते हुए अपने परिवार को सरप्राइज देना; शॉपिंग के लिए एक नए मॉल में

जाना; किसी फिल्म की बजाय कोई संगीत समारोह या नाटक देखना—संभावनाएँ अनंत हैं। कहा जाता है कि यात्रा से अधिक हमारे शरीर व मन को और कोई चीज ताजगी नहीं देती। इस बार आम गंतव्य की जगह कोई नई जगह आजमाएँ। पहाड़ों की बजाय एक क्रूज-यात्रा या बीच-अवकाश के बारे में क्या खयाल है? महत्त्वपूर्ण यह है कि आप अकसर नई चीजें आजमाते रहें। यह आप में और आपके आस-पास एक नई जीवंतता भर देगा।

मैं अपने लिए एक दृष्टिकोण को आदर्श मानता हूँ कि हर वर्ष की शुरुआत में उन नई चीजों की एक सूची बनाऊँ, जो मैं करना चाहता हूँ। पिछले वर्ष के लिए मेरी सूची यह है—

- एक नई पुस्तक लिखना।
- विदेश और भारत में एक नए स्थान की यात्रा।
- एक फोटोग्राफी प्रदर्शनी आयोजित करना।
- एक नया कौशल सीखना।
- अलास्का का क्रूज हॉलीडे।
- एक मानवता के काम से जुड़ना।
- 'आर्ट ऑफ लिविंग' का बेसिक कोर्स करना।

इनमें से मैंने कुछ को पूरा किया, जबकि कुछ को नहीं कर पाया। लेकिन एक वार्षिक सूची बनाने का मेरा तर्क यह है कि यह मुझे हर वर्ष कोई नई चीज आजमाने तथा अपनी क्षमता को विस्तार देने के लिए प्रेरित करता है। इसी तरह आपकी सूची कुछ इस तरह हो सकती है—

- पियानो सीखना।
- लद्दाख जाना।
- एक नई भाषा सीखना।
- अपने माता-पिता के साथ अवकाश पर जाना।
- एक नई गाड़ी खरीदना।
- अपनी पत्नी को एक हार उपहार में देना।
- तैराकी सीखना।

विकल्प इतने अनंत हैं जितने आसमान में तारे। अनुभव से मैं यह कह सकता हूँ कि एक बार कोई नया काम हाथ में लेने के बाद आप पहले से कहीं अधिक संतुष्ट और आकर्षक महसूस करेंगे। फिर आपको इलेनोर रूजवेल्ट के ये

शब्द प्रामाणिक लगेंगे—"आखिरकार जीवन का उद्‍देश्य उसे जीना और इष्टतम अनुभवों को हासिल करना, नए और समृद्ध अनुभवों को उत्सुकता से और निर्भर होकर आजमाना है।" इसलिए अपने लिए एक नई राह बनाएँ, ताकि अपने जीवन को भरपूर जी सकें।

□

8

समस्याओं के समाधानकर्ता बनें

बिल ज़ैंकर ने एक बार कहा था—"अमीर लोग इसलिए अमीर होते हैं, क्योंकि वे मुश्किल समस्याओं को सुलझाते हैं।" जब हेनरी फोर्ड ने अपने सपनों की कार बनाने की सोची तो उन्होंने अपने इंजीनियरों को बहुत सरल बात कही—"मैं यह नहीं जानना चाहता कि आप यह क्यों नहीं कर सकते। मैं बस यह जानना चाहता हूँ कि आप यह कैसे कर सकते हैं!" आखिरकार उनका उत्साह काम आया और उन दिनों इंजीनियरिंग संबंधी सभी प्रकार की कठिनाइयों के बावजूद फोर्ड फैक्टरी से मॉडल-टी ऑटोमोबाइल निकला। कामयाब उद्यमी या हममें से जो लोग सबसे अधिक सफलता प्राप्त करते हैं, वे सबसे बड़े विशेषज्ञ नहीं बल्कि सबसे बड़े समाधान अन्वेषक होते हैं। अगर उन्हें समस्या का उत्तर स्वयं नहीं पता होता तो वे ऐसे लोगों को खोजते हैं, जिन्हें उसका हल पता हो। वे अपना इच्छित हल खोजने के लिए अपने आपको और अपने संगठनों को पर्याप्त रूप से विस्तृत करते हैं।

बड़ी सफलताएँ तब प्राप्त होती हैं जब मानव मस्तिष्क समस्याओं की बजाय संभावनाओं के बारे में सोचता है। एंथनी डि' एंजेलो ने कहा था—"अपना 90 प्रतिशत समय समाधानों पर और केवल 10 प्रतिशत समस्याओं पर केंद्रित करें।" जैसा कि कहा जाता है—"असंभव शब्द में भी संभव शब्द निहित है।" मानव मस्तिष्क की विशालता और उसकी अपार क्षमता को देखते हुए हर समस्या का समाधान है। सिर्फ ऐसा विश्वास रखने से उत्तर खुद-ब-खुद उत्पन्न होंगे। और एक बार समस्या उत्पन्न होने के बाद उसे टालें नहीं। अपने आपको उसमें पूरी तरह डुबो

लें और धीरे-धीरे आपकी अतींद्रिय शक्ति आपको सही उत्तर की ओर ले जाएगी। एक पर्वतारोही सिर्फ पहाड़ की ओर देखने से शिखर पर नहीं पहुँच सकता। उसे एक-एक कदम आगे बढ़ाते हुए, एक बार में एक पग रखते हुए ऊपर की ओर बढ़ना होगा और आखिरकार वह शिखर तक पहुँच पाएगा। यही स्थिति किसी समस्या की है। उसे समस्याओं के एक समूह के रूप में टुकड़े-टुकड़े कर लें और एक बार में एक का समाधान करें। रॉबर्ट एच. शुलर ने इस बारे में सबसे अच्छी बात कही है—"सफलता एक आवश्यकता को खोजने और उसे पूरा करने, एक घाव को खोजने और उसे भरने, एक समस्या को खोजने और उसे हल करने का नाम है।"

बड़ी समस्याएँ उनके सामने आती हैं, जिन्हें आखिरकार बड़ी सफलता मिलनी होती है। आपकी राह में अवरोध इसलिए आते हैं, ताकि आप अगले स्तर के लिए पर्याप्त रूप से तैयार रहें। लेकिन आगे की ओर बढ़ने के लिए आपको पहले न केवल मौजूदा समस्याओं के हल ढूँढ़ने होंगे, बल्कि आपको अपना ध्यान समस्या की ओर से हटाकर समाधान की ओर लगाना होगा। इस बारे में सोचने के बजाय कि समस्या कितनी गंभीर है, आपको यह सोचना चाहिए कि समाधान कितना संभव है। इस प्रकार आप किसी स्थिति या समस्या की गंभीरता से अप्रभावित रहेंगे। आप सभी उपलब्ध संसाधनों को इसमें लगाएँगे और जिन चीजों की जरूरत है, उनका प्रबंध करेंगे। समाधान पर ध्यान केंद्रित करते हुए आप अपने आपको एक ऐसी फ्रीक्वेंसी पर सेट कर देते हैं, जो उत्तर के लिए सिर्फ 'हाँ' को स्वीकार करता है और बड़ी-से-बड़ी कठिनाई को पार करने में सक्षम है। आपको उनसे जुड़ना चाहिए, बल्कि उन्हें सक्रिय रूप से ढूँढ़ना चाहिए, जिनके पास विशेषज्ञता और सही उत्तर हैं। किसी समस्या को अपनी पूरी क्षमता से हल करने का प्रयास करें। लेकिन यदि वह अब भी आपकी पहुँच के परे है तो वह जिनके बूते में है, उनसे मदद लेने में न हिचकिचाएँ। हमेशा यह याद रखें—महत्त्वपूर्ण समस्याओं को सुलझाना है, लोकप्रियता हासिल करना नहीं। इसलिए अपने आपको समस्याओं पर विचार करनेवाले व्यक्ति से समाधान ढूँढ़नेवाले व्यक्ति तक विकसित करें, और मानव क्षमता की नई राहें आपके सामने आती जाएँगी। जैसा कि किसी ने कहा है—"जीवन प्रश्न उत्पन्न करता है, हमें बस उत्तर लिखना चाहिए।" तो चलिए, जीवन के प्रश्नों का डटकर सामना करें और अपनी अधिकतम क्षमता से उनके जवाब लिखें।

□

9

अपना दिमाग सक्रिय रखें

अधिकतर लोग अपने शरीर को पोषण प्रदान करने की बात को आसानी से समझ लेते हैं। वे उसे अच्छे-से-अच्छा भोजन, विटामिन, खनिज देते हैं और तरह-तरह के लोशनों, तेलों, मालिशों, लेपों आदि से उसकी सेवा करते हैं। वे यह सुनिश्चित करने के लिए तरह-तरह के प्रयास करते हैं कि उनका शरीर अच्छा रहे और रोगों से मुक्त रहे। जरा सी असुविधा होते ही वे उसके उपचार के लिए दौड़ते हैं। इसके विपरीत, अधिकतर लोग अपने मस्तिष्क के साथ सौतेला व्यवहार करते हैं या कहें, उसका सही मूल्य नहीं समझते।

हमारे विचारों को उन बीजों की उपमा दी जा सकती है, जिन्हें फलदार वृक्षों का रूप लेने के लिए पोषण की जरूरत होती है। अधिकतर लोग मानव मस्तिष्क की भव्यता को नहीं पहचानते कि हममें से प्रत्येक के अंदर वह कितना अद्भुत सुपर कंप्यूटर है। व्यवस्थित प्रारूपों वाली असंख्य कोशिकाओं से बना मानव मस्तिष्क कोई संयोग नहीं है, न ही वह सिर्फ शरीर को जीवित रखने के उद्देश्य से है। इसकी बजाय उसका एक महत् उद्देश्य है—विकास के पथ पर बढ़ने में हमारी मदद करना। हमारा मस्तिष्क वास्तव में एक जिन्न है, जो हमारी सारी इच्छाएँ पूरी करता है, हमारे सारे आदेश मानता है और अपने आपको इतना अदृष्ट बनाता है कि उसे केवल महसूस किया जा सकता है, कभी देखा नहीं जा सकता। यह जिन्न हमसे केवल इतना चाहता है कि हम उसकी प्यार से और तत्परता से देखभाल करें।

अपने मस्तिष्क को प्रसन्न करने का एक बेहतरीन तरीका है—पढ़ना।

अधिकतर लोगों के लिए सक्रिय अध्ययन स्कूल-कॉलेज छोड़ते ही छूट जाता है और कुछ अन्य के लिए पढ़ने का अर्थ सुबह के अखबारों, दोपहर के टेबलॉयडों या गॉसिप पत्रिकाओं में ताक-झाँक करना होता है। मैं बता नहीं सकता कि हमारे संपूर्ण विकास में अध्ययन का कितना महत्त्व है। यदि हम रोज केवल 30 मिनट ज्ञानवर्धक पढ़ाई करें तो हमारा मस्तिष्क और बेहतर होगा। वह आत्म-विकास में सहायक पुस्तकें, जीवनियाँ, यात्रावृत्त या आपकी रुचि के क्षेत्रों—पाककला, बागबानी, मार्शल आर्ट्स आदि से संबंधित पुस्तकें हो सकती हैं। बस हमें पढ़ना जरूर चाहिए। मैं हमेशा अपने पास एक पुस्तक रखता हूँ, तब भी जब मैं गाड़ी चला रहा होता हूँ। जब भी मेरी गाड़ी किसी रेड लाइट पर रुकती है या मैं जाम में फँसा होता हूँ तो तनावग्रस्त होने की बजाय किताब पढ़ता हूँ और अपने दिमाग को व्यस्त रखता हूँ; जबकि मेरे आस-पास के सभी लोग झल्ला रहे होते हैं। इसलिए मुझे पढ़ने के लिए अलग से समय नहीं निकालना पड़ता, फिर भी मैं एक साथ कई काम करते हुए अपने दिमाग को व्यस्त रखता हूँ।

एक और तरीका, जो लोगों के लिए कारगर सिद्ध होता है, वह है क्रॉसवर्ड पहेलियाँ हल करना, शतरंज या सुडोकू खेलना। शोध से यह सिद्ध हुआ है कि जिस प्रकार स्वास्थ्यवर्धक पोषक तत्त्वों के साथ नियमित व्यायाम वृद्धावस्था की प्रक्रिया को 40 प्रतिशत तक कम कर देता है, उसी तरह मानसिक व्यायाम आपके दिमाग को 30 प्रतिशत तक स्वस्थ बना सकता है।

साथ ही, विविध विषयों पर लोगों से बात करें। और यदि संभव हो तो कुछ लिखें—वह कुछ भी हो सकता है—डायरी, संस्मरण, कोई लघुकथा, छिटपुट यादें, कविता, कुछ भी। यह अनुमान लगाया गया है कि मानव जनसंख्या का सिर्फ 1 प्रतिशत अपने जीवन के बारे में कुछ लिखने का कष्ट करता है या अपने विचारों को प्रकट करता है—हालाँकि यह दिलचस्प बात है कि सर्वाधिक कामयाब लोग उन लिखनेवाले 1 प्रतिशत लोगों में आते हैं। चूँकि लेखन में एकाग्रता की जरूरत होती है, वह आपकी मानसिक ऊर्जा को सबसे अधिक सक्रिय करता है। जैसा कि नील डोनाल्ड वॉल्श ने कहा था—"हर बार जब आप कागज पर लिखते हैं, आप अपने दिमाग पर भी लिखते हैं!" इसलिए बस अपने दिल के करीब एक विषय को चुनें और जिस रूप में चाहें, उस पर कुछ लिखें, बल्कि जो भी आपके दिमाग में आए, उसे लिखें, चाहे वह बिलकुल अटपटा हो! अपने दिमाग को अबाध रूप से काम करने की पूरी आजादी दें और योजनाओं, विचारों

तथा अभिव्यक्तियों के एक असीमित सागर में गोते लगाएँ। इसलिए पढ़ें, लिखें, लोगों से बातें करें, शतरंज खेलें, चाहे जो करें—बस अपने दिमाग को प्रसन्न करें, और आप यह देखकर दंग रह जाएँगे कि वह बदले में आपको कैसे प्रसन्न करता है!

□

10

खुद से नित नए सवाल पूछें

जैक वेल्श ने अपनी पुस्तक 'विनिंग' में लिखा—"जीवन में प्रतिदिन एक नया सवाल होता है। वही हमें आगे बढ़ते रहने को प्रेरित करता है।" हमें उसका सामना करना चाहिए। हमें नए आइडिया मिलते हैं, क्योंकि हम अपने आपसे नए सवाल पूछते हैं। हवाई जहाज का आविष्कार इसलिए हुआ, क्योंकि राइट बंधुओं ने खुद से पूछा कि मनुष्य कैसे उड़ सकता है। टेलीफोन का आविष्कार हुआ, क्योंकि अलेक्जेंडर ग्राहम बेल ने खुद से पूछा कि काफी दूर मौजूद लोग एक-दूसरे से बात कैसे कर सकते हैं। रोशनी के बल्ब का आविष्कार हुआ, क्योंकि थॉमस अल्वा एडिसन ने अपने आप से पूछा कि अँधेरे को दूर कैसे किया जा सकता है। वन-डे क्रिकेट शुरू हुआ, क्योंकि केरी पैकर ने अपने आप से पूछा कि एक उदासीन खेल में बदलाव लाकर कैसे उसे अधिक मनोरंजक और लोकप्रिय बनाया जा सकता है। एडिसन ने बोलनेवाले चलचित्र विकसित किए, क्योंकि उन्हें लगा कि मूक चलचित्रों में भावनाओं को पूरी तरह अभिव्यक्त नहीं किया जा सकता। प्रिंटिंग मशीन का आविष्कार हुआ, क्योंकि गटनबर्ग ने खुद से पूछा कि साहित्य को लोगों के बीच वितरित कैसे किया जा सकता है।

हम अत्यंत प्रवाह और संक्रमण के युग में रह रहे हैं। जिस पल हम इसे पढ़ रहे हैं, उसी पल नए बाजार और जरूरतें उत्पन्न हो रही हैं। अगर हमें मानव विकास में कोई महत्त्वपूर्ण योगदान करना है तो हमें अपने आपसे नए सवाल पूछते रहना चाहिए। हमें अपने दिमाग से बराबरी के हक से, एक मित्र की तरह बातचीत करनी चाहिए। कभी-कभार जब आप खुद से एक नया प्रश्न पूछते हैं, दिमाग आपको

एक अनजान मार्ग की ओर ले जाता है। उस मार्ग पर चलें, उसे खँगालें और आपके सामने अनंत आश्चर्यों की एक पूरी दुनिया आ जाएगी। मानव मस्तिष्क सबसे शक्तिशाली चुंबक है। वह हर उस चीज को अपनी ओर आकृष्ट कर लेता है, जो वह चाहता है। तो अगर आप अपने दिमाग को अपने लिए एक नया उत्तर खोजने के लिए कहते हैं तो यह निश्चित है कि वह ऐसा करेगा। वह किसी के साथ एक आकस्मिक मुलाकात, किसी के मुँह से निकली किसी बात या कहीं पढ़ी किसी उक्ति या घर बैठे अचानक आपके दिमाग में आए किसी आइडिया के रूप में हो सकता है।

मुझे याद है, जब मैं ग्रासिम मिस्टर इंडिया प्रतियोगिता में हिस्सा ले रहा था, प्रतियोगिता-पूर्व तैयारी के एक अंग के रूप में हमें प्रतिदिन तीन घंटे के एक प्रश्नोत्तर सत्र का सामना करना पड़ता था, जिसमें हमसे राजनीति से लेकर खेल और व्यवसाय से लेकर आध्यात्मिकता तक विविध विषयों पर सवाल पूछे जाते थे। उस समय अधिकतर प्रतियोगी इस तकनीक को बेकार समझते थे। उन्हें यह समझ नहीं आता था कि किस तरह हर दिन 100 सवालों के जवाब देने से वे बेहतर प्रतियोगी बन सकते हैं। लेकिन अब सोचता हूँ कि वह हम सबको अपने दम पर सोचने और अपनी अंतर्दृष्टि को गहरा करने के लिए प्रेरित करता था। व्यक्तिगत रूप से मेरे लिए वह अभ्यास विशेष रूप से एक वरदान था, क्योंकि उसने मेरी दूसरी किताब 'शूटिंग फ्रॉम द लिप' को जन्म दिया, जो व्यक्तित्व प्रतिस्पर्धाओं में प्रश्न-उत्तर राउंड पर आधारित थी—शायद मैं उत्तर देने और साथ ही प्रश्न पूछने का इतना आदी हो गया था कि मुझे लगा कि उसे पुस्तक का आकार देना चाहिए।

नए सवाल पूछना विकास का एक अभिन्न अंग है और यदि कोई आपसे प्रश्न पूछ रहा है तो उत्तर देने की स्थिति में होने पर अपने आप को खुशकिस्मत समझें। आप नहीं जानते कि कौन सा सवाल आपका जीवन बदल सकता है। इसके अलावा, जब तक आप अपने आपसे नए सवाल नहीं पूछेंगे, आपको नए उत्तर कैसे मिलेंगे ? और जब तक आप नए उत्तर नहीं खोजते, आगे की ओर कैसे बढ़ेंगे ? नए प्रयोग करने और विकसित होने के लिए सवाल पूछना जरूरी है, ताकि स्थितियों को लगातार बेहतर बनाया जा सके और बेहतर चीजों को बेहतरीन बनाया जा सके। इसलिए यदि आप अपनी सर्वोच्च क्षमता प्राप्त करना चाहते हैं तो अपने आपको नए सवाल पूछने का उपहार दें, ऐसे सवाल—जो आपके अंतर्मन को उद्वेलित करें। आप हैरान होंगे कि यह जिज्ञासा आपको कहाँ पहुँचा देगी! □

11

व्यापक दृष्टिकोण अपनाएँ

एक नोबेल पुरस्कार विजेता जीव-रसायन विज्ञानी अल्बर्ट जेंट ग्योरगी ने कहा था—"खोज का अर्थ है किसी चीज को सामान्य निगाह से देखना और कुछ भिन्न सोचना।" कई बार लोग छोटे-छोटे मेढकों की तरह व्यवहार करते हैं। वे अपने कुओं-सँकरी दीवारों में कैद रहते हैं और अपनी पूर्व-निश्चित मानसिकता व जीवन-शैली से बाहर निकलने से मना कर देते हैं। लेकिन ईश्वर और नियति ने हमारे लिए कुछ बड़ा सोचा होता है। हमें बस अपने कुओं की दीवारों से परे उन विशाल सागरों को देखना होता है, जिसका आनंद ईश्वर हमें देना चाहता है।

मैं एक फोटोग्राफर हूँ और अकसर वाइड ऐंगल लेंस का इस्तेमाल करता हूँ। अनुभव से मैं यह जानता हूँ कि जब तक मैं लेंस के सबसे वाइड ऐंगल का इस्तेमाल नहीं करता, मैं किसी दृश्य को उसकी पूरी क्षमता में कैद नहीं कर सकता। इसी प्रकार ईश्वर ने हम सब में एक वाइड ऐंगल लेंस बनाया है। जब तक हम उसे विस्तृत नहीं करते, हम केवल दृश्य का एक छोटा हिस्सा ही देख पाएँगे और अधिकांश का लाभ नहीं उठा पाएँगे।

हम जीवन में जितना ऊपर जाते हैं, उतना ही विस्तृत देखने में सफल होते हैं। एक पर्वतारोही बेस कैंप के मुकाबले शिखर से अधिक खूबसूरत दृश्य का आनंद उठाने में सफल होता है। इसी प्रकार, एक व्यक्ति भूतल की बजाय किसी इमारत की छत से अधिक व्यापक 360 डिग्री दृश्य का आनंद उठा पाता है। यह पुरानी कहावत बहुत सच्ची है—"अपनी नजर से परे देखो"। हमारी दृष्टि हमारी निगाह से सीमित नहीं बनाई जानी चाहिए। उसे आसमान की तरह खुला, सागर की तरह गहरा

होना चाहिए। अगर ऐसा होता है तो किसी दुर्जेय समस्या के आने पर भी आपको बस स्वयं को चेतना के चरम पर ले जाना होगा और फिर समस्या तुच्छ दिखने लगेगी।

जीवन बस परिप्रेक्ष्य है। फिर से मैं उसे फोटोग्राफी से जोड़ना चाहूँगा। यदि दस फोटोग्राफर एक ही व्यू-पॉइंट से कोई तसवीर ले रहे हैं, तो इस बात की संभावना है कि आपको एक साधारण तसवीर मिलेगी। लेकिन यदि आप अपने आपको विकसित करते हैं और एक असामान्य व्यू-पॉइंट की तलाश करते हैं, जो उससे थोड़ा दूर या नजदीक हो सकता है, तो आपको एक असाधारण तसवीर मिलेगी। क्रेग हिकमैन और माइकल सिल्वा अपनी पुस्तक 'क्रिएटिंग एक्सीलेंस' में परिप्रेक्ष्य का एक बढ़िया उदाहरण देते हैं—''आपकी डेस्क पर 12 इंच का बर्फ का एक टुकड़ा है। अब उसे विभिन्न दृष्टिकोणों से देखिए। एक डॉक्टर उसे किसी ज्वरग्रस्त महिला के शरीर का तापमान कम करने के लिए इस्तेमाल कर सकता है; एक पागल उसे किसी की खोपड़ी पर तोड़ने के लिए इस्तेमाल कर सकता है। एक एस्कीमो आपको उसके लिए एक दमड़ी भी नहीं देगा और एक प्यासा पूर्वेक्षक उसके लिए आपको स्वर्ण भी दे सकता है। अगर आप उस पर विचार करेंगे तो आपको जल्द ही पता चल जाएगा कि बर्फ के एक टुकड़े में भी अपार संभावनाएँ हैं, जो सिर्फ आपकी कल्पना से सीमित है।''

यह सब सिर्फ अपनी तीसरी आँख खोलने की बात है। हमें अपना दृष्टिकोण विस्तृत करना चाहिए, ताकि उसमें अन्य दृष्टिकोण भी समाहित हो सकें—जो कभी-कभी समानांतर और कभी-कभी विरोधाभासी होते हैं। कई परिप्रेक्ष्य हमें जीवन में अपने अनुभवों को अधिकतम सीमा तक ले जाने और चहुँमुखी प्रगति करने में मदद करते हैं।

फिर जैसा कि मैंने पिछले पृष्ठों में बार-बार दुहराया है, अधिकांश लोग चीजों को सामान्य रूप में देखते हैं, उस तरह से नहीं, जैसी वे हो सकती हैं। वे अपनी कल्पना या क्षमता को सक्रिय किए बिना यथास्थिति स्वीकार कर लेते हैं। यह महत्त्वपूर्ण है कि हम अकसर चीजों को यथार्थ रूप में देखें। ऐसा करने से ही हमें अपनी असली क्षमताओं और सीमितताओं के बारे में पता चलता है और उसके अनुसार उन पर काम किया जा सकता है।

स्वामी सुखबोधानंद ने कहा था—''अधिकतर लोग एक फूलदान में एक ओक वृक्ष की तरह होते हैं। फूलदान अहं की तरह होता है और उनका अस्तित्व

ओक वृक्ष। उन्हें अपने आपको अहं तक सीमित नहीं करना चाहिए। उन्हें अपने निचले हिस्से को छोड़कर अपने ऊपरी हिस्से को फैलने देना चाहिए और अपने परिप्रेक्ष्य को विस्तृत करना चाहिए।" एक उद्धरण है—"ज्ञान-प्राप्ति से पहले लकड़ी काटना, पानी लाना। ज्ञान-प्राप्ति के बाद लकड़ी काटना, पानी लाना।" इस सरल उक्ति का यह अर्थ है कि चाहे परिस्थितियाँ जो भी हों, जीवन में जो एकमात्र चीज बदलती है, वह है हमारा परिप्रेक्ष्य। चाहे दुनिया पहले की तरह चले, एक अधिक संतुष्टिदायक जीवन के लिए हमें अपना दृष्टिकोण बदलना चाहिए। किसी भी चीज से अधिक हमें अपने दृष्टिकोण को व्यापक बनाना चाहिए। तो चलिए, हम सब अपना वाइड ऐंगल लेंस निकालें, उसे पूरी क्षमता तक खोलें और जीवन को उसकी पूर्णता में कैद करें। हमें आश्चर्य होगा कि जीवन में हमारे लिए क्या-क्या है!

□

अध्याय दो

शारीरिक

"जंग लगने से अच्छा है जलकर खत्म हो जाना।"

-अज्ञात

1

अपने शरीर को गतिशील रखें

हमारा शरीर चलते रहने के लिए है। इस ग्रह पर रहनेवाले लगभग हर जीव को चलते रहना होता है। जीवित रहने के लिए शारीरिक गतिशीलता अत्यंत आवश्यक है, चाहे वह भोजन का संग्रह हो, प्रजनन हो, आश्रय की तलाश हो, प्राकृतिक तत्त्वों से सुरक्षा आदि-आदि। मनुष्य के लिए सृजन का प्रत्येक कार्य शारीरिक रूप से किया जाता है, चाहे उसकी उत्पत्ति मस्तिष्क में हुई हो। यदि आप खाना चाहते हैं तो आपको अपने हाथ हिलाने होंगे (या यदि कोई और आपको खिला रहा है तो आपको अपना मुँह हिलाना होगा); कार चलाते समय आपको अपनी आँखें, पैर, हाथ, गरदन हिलाने होंगे (और यदि कोई और लापरवाही से चला रहा है तो अपना मुँह); पेंटिंग के लिए आपको ब्रश हिलाना होगा; लिखने के लिए आपको अपनी उँगलियों से काम लेना होगा; भोजन पकाने के लिए आपको अपने हाथ हिलाने होंगे—सोने को छोड़कर (हालाँकि कुछ लोग सोते समय भी हिलते-डुलते रहते हैं)। लगभग हर काम में आपका शरीर सक्रिय रहता है।

नन्ही चींटी से लेकर विशालकाय हाथी तक, हर किसी को अपने आपको जीवित रखने के लिए हिलना-डुलना पड़ता है। जबकि पशु-जगत् में अधिकांश शारीरिक गतिविधियों का बहुत मूलभूत उद्देश्य होता है—जो मुख्य रूप से जीवित रहने या प्रजनन के लिए होता है—मनुष्य जगत् में वे अधिक परिष्कृत होते हैं। चूँकि सदियों में हमने मानव सुविधा के आधार पर एक अत्यंत सुरक्षित समाज निर्मित किया है, तो अब हम मूलभूत शारीरिक जरूरतों, जैसे—शिकार करना, पानी की तलाश, हानिकारक पशुओं को दूर रखने में व्यस्त नहीं रह सकते। अधिकतर लोग

अपने शरीर को महत्त्व नहीं देते। इस बारे में आश्वस्त होने के बाद कि उनकी मूलभूत जरूरतें पूरी हो गईं, वे अपने शरीर को उस चीज के लिए इस्तेमाल करना छोड़ देते हैं, जिसके लिए उन्हें वास्तव में बनाया गया था, यानी मानव अनुभव को इष्टतम करने के लिए।

वास्तव में सभी जीवों में हम मनुष्य ही ऐसे जीव हैं, जो अपनी इच्छा से अपने शरीर का आकार और प्रकार बदल सकते हैं और वह भी पूरी तरह अजैविक उद्देश्यों के लिए। यदि एक घोड़ा वैसा दिखता है तो वह स्वत: वैसा दिखता है—वह दुबला दिखने के लिए वजन घटाने की कोशिश नहीं करता। लेकिन अच्छी बात यह है कि हम मनुष्य ऐसा कर सकते हैं।

अगर आपको उत्साहित होने के लिए पशु-जगत् से किसी प्रेरणा की जरूरत है, तो इस तथ्य पर विचार करें—एक छोटी सी चींटी (शायद सबसे छोटे जीवों में एक) अपने शारीरिक भार का 20 गुना अपनी पीठ पर ढो लेती है और उसकी कोई शिकायत नहीं करती। इसका मजाक उड़ाने से पहले आपको दुबारा सोचना होगा। शोधों और प्रयोगों ने बार-बार यह सिद्ध किया है कि हम अपने शरीर का जितना अधिक इस्तेमाल करते हैं, वह उतना ही स्वस्थ होता है। मेरे एक मित्र ने हाल ही में एक ऑफसेट प्रिंटिंग मशीन खरीदी। उसे उसकी क्षमता के न्यूनतम 80 प्रतिशत तक चलाना होता है। उससे कम पर चलाने पर वह खराब हो जाएगी। यह हमारे शरीर के लिए भी इतना ही सच है। अगर हम उसकी सीमाओं को विस्तृत नहीं करते, वह क्षीण होगा और बीमार हो जाएगा। अपने शरीर को गतिमान रखने के असंख्य तरीके हैं—आप जिम जा सकते हैं, पार्क में जॉगिंग कर सकते हैं, योग कर सकते हैं, लिफ्ट की बजाय सीढ़ियों से चढ़ सकते हैं, घरेलू काम कर सकते हैं, अपने प्रोफेशनल कार्यों को उत्साह से निपटा सकते हैं, सामान्य तौर पर अपने स्वास्थ्य का ध्यान रख सकते हैं। हिलना-डुलना शरीर की गतिशीलता को प्रभावित करता है और उसे फुरतीला बनाता है। कहा जाता है कि प्रत्येक क्रिया की प्रतिक्रिया होती है। इसी तरह शारीरिक रूप से अपने आपको विस्तृत करने से आप अपने जीवन के प्रत्येक अन्य पक्ष में भी विस्तृत हो जाएँगे और एक संपूर्ण व्यक्ति बन पाएँगे। इसलिए अपने शरीर को गतिमान करें और अपने जीवन को गतिमान होते देखें, जैसा कि उसके लिए निर्धारित था।

□

2

उम्र-सीमा के बंधन से खुद को मुक्त करें

देशों की सीमाओं से परे आधुनिक समाज को जिन बीमारियों ने जकड़ रखा है, उनमें से एक है कि लोग उम्र पर अटके रहते हैं—''तो आपकी उम्र क्या है?'' ''आप 44 के नहीं लगते''; ''ऐसा नहीं हो सकता, वह तो सिर्फ 18 वर्ष की है''; ''वह निश्चित रूप से 27 का नहीं हो सकता''; ''वह 35 की उम्र में ऐसा कैसे कर सकती है?'' ''आप 67 की आयु में पियानो नहीं सीख सकते''। मीडिया भी जान-बूझकर इस भ्रम को बढ़ावा देता है। किसी के भी बारे में कोई लेख पढ़िए, उसमें उसकी उम्र का जिक्र जरूर होता है। आयु एक प्राकृतिक चीज है, लेकिन उस पर अत्यधिक जोर देना मनुष्य ने शुरू किया है। उसकी जड़ें समय के साथ क्षीण और नष्ट होने के डर में हैं। लेकिन शोधों ने बार-बार साबित किया है कि हमारे शरीर के कुछ हिस्से हर माह और अन्य हर कुछ वर्ष में मरम्मत और नवीकृत होते रहते हैं। यह वैज्ञानिक सत्य है कि सात वर्षों के भीतर हमारे शरीर की हर कोशिका नई हो जाती है। इसका अर्थ है कि हर सात सालों में हमारे पास एक बिलकुल नया भौतिक शरीर होता है।

हालाँकि जैसा कि हमने पिछले अध्याय में पढ़ा है, मस्तिष्क की हमारे भौतिक अस्तित्व में महत्त्वपूर्ण भूमिका होती है। सदियों से लोग अपने दिमाग में यह भरते रहे हैं कि शरीर को एक निश्चित उम्र में नष्ट होना है कि उन्हें निश्चित शारीरिक विशेषताएँ प्रदर्शित करनी होती हैं या एक खास उम्र में एक खास तरह का दिखना होता है और एक वफादार जिन्न की तरह मस्तिष्क आपकी बातों का पालन करता है और आपके अनुमानों

को वास्तविकता में बदल देता है। अगर आप खुद से कहें कि उम्र बस एक संख्या है और कि "मेरा शरीर शाश्वत युवा है" (फिर से सकारात्मक कथनों का चमत्कार), तो आप देखेंगे कि आपका मस्तिष्क आपकी इस इच्छा को भी पूरी कर देगा। अगली बार जब आप किसी से उसकी उम्र पूछना चाहें तो "आपकी उम्र क्या है?" की बजाय बस यह पूछें, "आप कितने युवा हैं?" इस प्रकार आप उम्र को लेकर मानव सजगता के एक मूलभूत परिवर्तन में योगदान करेंगे।

फिर भी, यदि आपको अपने आपको और अधिक आश्वस्त करना है कि उम्र सफलताओं की राह में नहीं आती तो उम्र को हरानेवाले इन उपायों पर गौर फरमाएँ—

- अमेरिका के सबसे महान् फोटोग्राफरों में से एक अल्फ्रेड आइजनस्टेड को 96 वर्ष की उम्र में बिल क्लिंटन व उनके परिवार द्वारा अपने पोर्ट्रेट खींचने के लिए बुलवाया गया था।
- फौजा सिंह 89 की उम्र में अपना पहला मैराथन दौड़े और अब भी 98 की उम्र में पूरा मैराथन दौड़ रहे हैं।
- एक सेवानिवृत्त जापानी स्कूली शिक्षक कतसुसुके यानागिसावा 71 वर्ष की आयु में माउंट एवरेस्ट पर चढ़े।
- हमेशा बच्चों की तरह उत्साह और जोश से भरी जोहरा सहगल 96 की उम्र में भी एक्टिव थिएटर और फिल्में कर रही हैं।
- भारत के सार्वकालिक महान् कलाकारों में एक एम.एफ. हुसैन 95 वर्ष की आयु में भी कामयाब पेंटर हैं।
- भारतीय किसान नानू राम जोगी 90 वर्ष की आयु में पिता बने, जब उनके इक्कीसवें बच्चे का जन्म हुआ।
- ऑस्ट्रेलिया की मिनी मुनरो ने 102 वर्ष की आयु में शादी की।
- मार्टिना नवरातिलोवा ने उस उम्र तक प्रोफेशनल टेनिस खेली, जब अधिकतर महिलाएँ दादी-नानी बन जाती हैं और उन्होंने 50 वर्ष की उम्र में एक ग्रैंड स्लैम जीता।
- सिल्वेस्टर स्टैलोन ने 60 वर्ष की आयु में 'रॉकी' 6 बनाई (और वैसे ही दिखे जैसे वह पहले दिखते थे)।
- दो बच्चों की माँ काजुमी इजाकी 44 वर्ष की उम्र में एक प्रोफेशनल बॉक्सिंग लाइसेंस प्राप्त करनेवाली जापान की सबसे उम्रदराज महिला बनीं।

- इंग्लैंड के विल्फ्रे रोड्स ने 52 वर्ष की उम्र में वेस्ट इंडीज के मुकाबले टेस्ट मैच खेला।
- भारत के बेहतरीन वेडिंग प्लानरों में से एक अरुणा पुरोहित ने 50 की आयु में अपना कैरियर शुरू किया और 83 वर्ष की आयु में भी सक्रिय रूप से काम कर रही हैं।
- जॉर्ज फोरमैन ने 45 वर्ष की आयु में वर्ल्ड हैवीवेट बॉक्सिंग क्राउन जीता।
- भारत के सबसे यशस्वी लेखकों में एक खुशवंत सिंह 93 वर्ष की आयु में भी लेखन और कॉलम लेखन के क्षेत्र में सक्रिय हैं।
- मुंबई की एक गृहिणी और माँ जुडिथ भारती 40 की उम्र में एक कॉमर्शियल एयरलाइन पायलट बनीं, जबकि उनकी पुत्री बाविका भारती ने उसी बैच में पायलट ट्रेनिंग कोर्स पूरा किया और 18 वर्ष की आयु में देश की सबसे कम उम्र की पायलट बनीं।
- इटली के सबसे बड़े फैशन डिजाइनरों में एक रॉबर्टा डि कैमेरिनो 89 वर्ष की उम्र में अब भी काम कर रहे हैं।
- रवींद्रनाथ टैगोर ने 60 वर्ष की उम्र में ड्रॉइंग और पेंटिंग शुरू की।
- जब हर कोई यह सोचता था कि सिक्स पैक सिर्फ टीनएजर बना सकते हैं, शाहरुख खान और आमिर खान ने 40 की उम्र में वह कर दिखाया।
- जॉर्ज बर्नार्ड शॉ ने 94 वर्ष की आयु में एक नाटक लिखा।
- डायना एथिल ने 91 वर्ष की उम्र में प्रतिष्ठित साहित्यिक पुरस्कार 'कोस्टा बुक अवार्ड' जीता।
- जेसिका टैंडी ने 80 वर्ष की उम्र में सर्वश्रेष्ठ नायिका का ऑस्कर जीता।
- एमोन डि वैलेरा को 84 वर्ष की उम्र में आयरलैंड का राष्ट्रपति चुना गया।
- जापान के हिरोशी होकेत्सु ने 44 वर्ष बाद ओलंपिक में लौटते हुए 67 वर्ष की उम्र में बीजिंग ओलंपिक में भाग लिया।
- अमेरिका के जॉर्ज ब्रंस्टैड ने 70 वर्ष की उम्र में इंग्लिश चैनल तैरकर पार किया।
- केन्या के किमानी न्गांगा 84 वर्ष की उम्र में स्कूल शुरू करनेवाले दुनिया के सबसे बुजुर्ग व्यक्ति बने।

आपको इन सभी लोगों में कौन सी बात समान लगती है? इन लोगों ने अपनी क्षमताओं को विस्तृत करना जारी रखा और जैविक उम्र के अवरोध को स्वीकार करने से इनकार कर दिया। वे अन्य लोगों के खयाल में समय और उम्र की सीमाओं को आगे की ओर धकेलते रहे। 98 वर्ष की उम्र में दुनिया के सबसे बुजुर्ग मैराथन धावक फौजा सिंह ने कहा था—''मैं दौड़ता हूँ, क्योंकि मैं युवाओं को आगे बढ़ते रहने और बुजुर्गों को कभी हार न मानने के लिए प्रेरित करना चाहता हूँ।'' लेकिन उम्र के मामले में मुझे सबसे अच्छी बात एम.एफ. हुसैन की लगी, जब मैं इस पुस्तक के लिए उनसे बात कर रहा था। जब मैंने उनसे पूछा कि वह युवाओं को कौन सा संदेश देना चाहेंगे, तो उन्होंने कहा, ''मैं उन्हें क्या संदेश दे सकता हूँ! मैं अब भी महसूस करता हूँ कि मैं खुद युवाओं में एक हूँ।'' अगर 95 वर्ष की उम्र में वह ऐसा महसूस करते हैं तो मुझे यकीन है कि इस पुस्तक को पढ़नेवाला हर शख्स उत्साहित होकर यह कह उठेगा—''अरे वाह! मैं तो अब भी अपने इच्छित काम को करने के लिए बहुत छोटा हूँ!'' जैसा कि कहते हैं—''उम्र वह है, जो आप उसे बनाते हैं।'' तो आगे बढ़ें और अपनी उम्र का अधिक-से-अधिक लाभ उठाएँ—चाहे दूसरे लोग कुछ भी कहें, सबकुछ दिमाग में ही होता है।

☐

3

व्यायाम के लिए समय निकालें

हम दबाववाले समय में रह रहे हैं, जहाँ डेडलाइन और आदेश होते हैं और जहाँ सबकुछ तुरंत करना होता है। फिर भी अपने आपको उपेक्षित करने का कोई बहाना नहीं होता है। अधिकतर लोग यह बहाना बनाते हैं कि वे इतने व्यस्त हैं कि उनके पास व्यायाम करने का समय नहीं है। मुझे लगता है कि मौजूदा अमेरिकी राष्ट्रपति बराक ओबामा इस धरती के व्यस्ततम लोगों में एक हैं। फिर भी, चाहे वह कहीं भी रहें, हर दिन एक घंटे कसरत करते हैं। वह वेट ट्रेनिंग करते हैं, ट्रेडमिल पर दौड़ते हैं और बास्केट बॉल खेलते हैं। यह पूछे जाने पर कि उन्हें इसके लिए समय कैसे मिलता है, उनका कहना है—"मेरे अधिकांश व्यायाम मेरा दिन शुरू होने से पहले हो जाते हैं। हमेशा नींद और कसरत में एक समझौता होता है।" यह बात उनके पूर्ववर्तियों के बारे में भी सच है—जॉर्ज डब्ल्यू. बुश एक सक्रिय माउंटेन बाइकर थे, बिल क्लिंटन पूरे वाशिंगटन में जॉगिंग करते थे और जॉर्ज एच.डब्ल्यू. बुश गोल्फ व टेनिस खेलना तथा जॉगिंग करना पसंद करते थे। अगर अपनी व्यस्त दिनचर्या के बावजूद ये अमेरिकी राष्ट्रपति इतना बढ़िया व्यायाम कार्यक्रम अपना सकते हैं तो हम अपने दैनिक कार्यक्रम से कम-से-कम 20 मिनट तो निकाल ही सकते हैं, चाहे वह कितना भी व्यस्त हो। अमेरिकी शोधकर्ताओं ने यह लिखा है कि ब्लू चिप कंपनियों के लगभग 80 प्रतिशत सी.ई.ओ. और अध्यक्ष कम-से-कम सप्ताह में तीन दिन किसी शारीरिक क्रिया के लिए समय निकालते हैं, चाहे वह गोल्फ हो, टेनिस, तैराकी या स्क्वैश आदि। तो इसमें कोई हैरत की बात नहीं है कि फिटनेस के प्रति उनका समर्पण उनकी वित्तीय प्रतिबद्धताओं में भी नजर आता है।

दुनिया के सबसे अमीर लोगों में एक अनिल अंबानी इच्छाशक्ति के एक अच्छे उदाहरण हैं। वह कभी 105 किलो के थे और एक घंटे में एक किलोमीटर तक नहीं चल सकते थे। आज उनका वजन 68 किलोग्राम है और वह प्रत्येक वर्ष मुंबई मैराथन दौड़ते हैं। वह ऐसा कैसे करते हैं ? वह सुबह चार बजे उठते हैं और हर दिन लगभग 10-15 किलोमीटर तक मुंबई की सड़कों पर दौड़ते हैं। वह जानते हैं कि दिन में वह बोर्ड की बैठकों और दूसरी चीजों में व्यस्त हो जाएँगे, जो दुनिया के सबसे बड़े कॉरपोरेट साम्राज्यों में से एक के प्रबंधन के लिए जरूरी है। इसलिए वह सुबह-सुबह कसरत का समय निकालते हैं और उस पर कायम रहते हैं, चाहे कुछ भी हो जाए।

आज अधिकतर लोग आलस्य और सुस्ती के कारण बीमारियों से ग्रस्त हैं। मुझे लगता है कि हम ऐसे समय में जी रहे हैं, जहाँ हम आधुनिक जीवन की सभी सुविधाओं और चीजों को आसानी से प्राप्त कर सकते हैं। यह विज्ञान का अद्भुत उपहार है कि हमारे पास डिशवाशर, माइक्रोवेव, वाशिंग मशीन, वैक्यूम क्लीनर जैसी चीजें हैं, जो हमारा काफी समय बचा देती हैं। इस समय को हम विवेकपूर्ण तरीके से इस्तेमाल कर सकते हैं। लेकिन हममें से अधिकतर लोग उस समय को बेकार की गॉसिप, आराम करने, इधर-उधर घूमने या टेलीविजन देखने में बरबाद कर देते हैं। फुरसत के समय को व्यायाम के लिए सकारात्मक रूप में इस्तेमाल किया जा सकता है, बशर्ते आपके पास इच्छाशक्ति हो। चाहे आप जो भी करते हों, अपने दैनिक कार्यक्रम को इस प्रकार तय कर सकते हैं कि चाहे जो भी हो, आप नियमित कसरत के लिए समय निकाल पाएँ। जब आप नियमित व्यायाम से मिलने वाले लाभों पर सोचेंगे—युवा दिखना, मजबूत शरीर, बेहतर स्वास्थ्य, अधिक सहन-शक्ति, अधिक प्रतिरोधक क्षमता—तो यह एक महत्त्वपूर्ण निवेश प्रतीत होगा। यह सोचिए कि जब आप पूरे जीवन के स्वास्थ्य और फिटनेस के बारे में सोचते हैं तो पंद्रह मिनट या आधे घंटे का समय क्या है ? अधिकतर लोग बांड, स्टॉक और शेयर को निवेश मानते हैं; जबकि वास्तविक निवेश आप में और आपके शरीर में है, एकमात्र वस्तु, जो वास्तव में आपकी है। अपने काम को व्यायाम न करने का बहाना न बनाएँ। अगर आप अपने कार्यस्थल पर लंबा समय बिता रहे हैं तो वहाँ एक एक्सरसाइज बाइक या ट्रेडमिल रख सकते हैं। अगर वह संभव नहीं है तो अपने दफ्तर में टहलना या सीढ़ियाँ चढ़ने-उतरने के बारे में क्या खयाल है ? अगर आप सुबह जल्दी उठनेवाले व्यक्ति हैं, तो अपने काम की बारीकियों में उलझने से पहले

टहलने या जॉगिंग करने जा सकते हैं। और यदि आप घर से काम करते हैं तो इससे बेहतर और क्या होगा? आपके पास समय और स्वयं द्वारा निर्धारित दिनचर्या का लाभ होता है। आपको बस यह करना है कि व्यायाम करने की शुरुआत करनी है। और एक दिनचर्या बनाने, जिसका आप दीर्घकाल में पालन कर सकें, के लिए अपने समय को इस प्रकार बाँटें कि वह आपकी जीवन-शैली के अनुरूप हो—अगर आप रात को 2 बजे सो रहे हैं तो सुबह जल्दी उठकर जॉगिंग के लिए जाने का कोई मतलब ही नहीं है। बस अपने जीवन की लय को सुनें, व्यायाम के लिए समय निकालें और आपका शरीर उसे खूबसूरती से अपना लेगा। इस पुस्तक की अन्य सभी अवधारणाओं की तरह इसके लिए बस इच्छाशक्ति और प्रतिबद्धता की जरूरत है। और एक बार यह निर्णय कर लेने पर कि चाहे जो भी हो, आप व्यायाम के लिए समय निकालेंगे, सभी बहाने खत्म हो जाएँगे और आपके पास अपनी इच्छानुसार सारा समय होगा।

□

4

अपनी आकर्षक उपस्थिति दर्ज कराएँ

अधिकतर लोग दूसरों के बाह्य रूप-रंग से आकर्षित होते हैं, चाहे वे कितने भी महत्त्वपूर्ण हों या साधारण। यह पूरी तरह सौंदर्यशास्त्र का नियम है। मेरे योग शिक्षक योगी अशोक, जो स्वयं एक महान् आध्यात्मिक व्यक्ति हैं, ने एक बार मुझे यह कहानी सुनाई। एक बार महात्मा गांधी रवींद्रनाथ टैगोर से मिलने गए। स्वयं एक अत्यंत सादगी पसंद व्यक्ति गांधीजी टैगोर की प्रतीक्षा में बेचैन हो रहे थे, जबकि टैगोर आराम से तैयार हो रहे थे। टैगोर एक सौंदर्यप्रिय व्यक्ति थे, जो मानवीय सौंदर्य की अवधारणा में विश्वास करते थे। आखिरकार जब वह अपने चैंबर से बाहर आए तो गांधीजी ने उनसे पूछा कि वे रूप-रंग पर इतना ध्यान क्यों देते हैं? उन्होंने जवाब दिया—"मैं ठीक से तैयार होता हूँ, क्योंकि पहली बात मुझे यह पसंद है और दूसरी मुझे लगता है कि यदि मैं अस्त-व्यस्त रहता हूँ तो उससे दूसरे व्यक्ति की भावनाओं को ठेस पहुँचती है। इस तरह से मैं एक अधिक आकर्षक दुनिया बनाता हूँ।" आपको नहीं लगता कि यह एक अद्‍भुत सिद्धांत है?

कल्पना करें कि कोई बाग कैसा होगा, जब उसमें सारे तत्त्व—घास, वृक्ष, फूल, झाड़ियाँ होंगी, परंतु सिर्फ नाम के लिए! अगर घास में सिर्फ झाड़-झंखाड़ हों, वृक्ष बेतरतीब हों, फूल कुम्हलाए हुए हों और झाड़ियों की कटाई-छँटाई न हुई हो तो क्या आप उस बाग में जाना पसंद करेंगे? क्या आपको उसकी बदसूरती बुरी नहीं लगेगी? दूसरी ओर, आपको जैविक उद्यान में कौन सी चीज सबसे अधिक आकर्षित करती है—हरी-भरी घास, सदाबहार वृक्ष, व्यवस्थित फूलों के पेड़ और तराशी हुई

झाड़ियाँ? यही बात मनुष्य के बारे में भी सच है। चाहे हम यह न मानें, अनाकर्षक व्यक्तित्व वाले व्यक्ति से हम दूर भागते हैं, चाहे उसके अंदर कितनी भी क्षमता हो। इसके विपरीत, कोई आकर्षक व्यक्ति तत्काल हमें उत्साहित करता है। यहाँ तक कि दुनियादारी से दूर रहनेवाले साधु-संत और योगी भी बेदाग चोगे पहनते हैं और उनका एक विशिष्ट सौंदर्य होता है। इसकी वजह यह है कि हम स्वाभाविक रूप से आकर्षक लोगों की ओर खिंचते हैं। हालाँकि कुछ समय बाद उनमें से कुछ लोगों के आडंबर और अपने आप में खोए रहने से हम उनसे विरक्त हो जाते हैं। लेकिन हमारी स्वाभाविक, मूलभूत प्रतिक्रिया क्या होती है? वह है आकर्षण!

मानव अनंत काल से विपरीत लिंग को आकर्षित करने के लिए खुद को सजाता-सँवारता रहा है। यह सहवास के सबसे मूलभूत पहलुओं में से एक रहा है। सदियों के विकास के बाद भी हम बदले नहीं हैं। वास्तव में हमारे पास सौंदर्य बढ़ाने के इतने सारे साधन होने के बाद भी अपने आपको आकर्षक बनाने के लिए समय न देना बेकार है। ऐसा नहीं है कि आपको अच्छा दिखने के लिए बार-बार पार्लरों, सैलूनों या स्पा के चक्कर लगाना जरूरी है। स्वास्थ्यवर्धक आहार लेते हुए, नियमित रूप से व्यायाम करते हुए, पर्याप्त नींद और व्यक्तिगत स्वच्छता पर जोर देते हुए सुनिश्चित कर सकते हैं कि आप हमेशा अच्छे दिखें। लेकिन हाँ, यदि आपको अच्छा लगे तो महीने में एक बार पेडिक्योर, फेशियल आदि के लिए सैलून जा सकते हैं। जीवन लगातार परिष्करण की प्रक्रिया है और अगर आपको लगता है कि किसी भी चरण में कोई चीज उसमें आपकी मदद करती है तो क्यों नहीं? जैसा कि किसी ने कहा है—"आप अपने आपको, जो सबसे बड़ा उपहार दे सकते हैं, वह है अपना थोड़ा सा ध्यान।" अगर बाहरी दुनिया आपके अंतर्मन का प्रतिबिंब है और आपने अपने मन को साफ करने पर पूरा ध्यान दिया है तो क्या बाहर की सफाई भी उचित नहीं है? अगली बार जब आप फूहड़ता को आध्यात्मिकता से जोड़ने चलें तो बस इतिहास के कुछ सबसे महत्त्वपूर्ण आध्यात्मिक लोगों के बारे में सोचें। जब आप देखेंगे कि उनका व्यक्तित्व कितना दिव्य था, तो आपको खुद-ब-खुद जवाब मिल जाएगा।

□

5

अपने शरीर का सम्मान करें

हमारा शरीर हमें मिला सबसे उत्तम उपहार है। जब हम पैदा हुए थे तो हमारा शरीर हमारी इकलौती संपदा था (नर्स या दाई द्वारा हमें कपड़े पहनाने से पहले) और अंत में भी सिर्फ हमारा शरीर ही हमेशा हमारे पास रहता है। यह इकलौती चीज है, जो हमारे पास हर समय, दिन के चौबीस घंटे, सप्ताह के सातों दिन रहेगा, जब तक हम जीवित हैं। चाहे आप कितना भी महँगा परिधान खरीदें या आपके पास कितना भी कीमती आभूषण हो, आप सोने से पहले उन्हें उतार देंगे, उन्हें कभी-कभार पहनेंगे और शायद कुछ सालों बाद उन्हें छोड़ देंगे। इसी तरह, कोई व्यक्ति चाहे आपको कितना भी प्यारा हो, आप उसे हर पल अपने साथ नहीं रख सकते। उनका अपना अलग अस्तित्व होगा। लेकिन हमारा शरीर हर समय हमारे साथ रहता है, चाहे बाकी सबकुछ चला जाए। इसलिए वास्तव में इस भौतिक जगत् में हमारा शरीर ही सबसे महत्त्वपूर्ण वस्तु है, जिसकी हमें कद्र और उपासना करनी चाहिए।

हमारा शरीर एक शाश्वत मंदिर है और हम उसकी जितनी उपासना करेंगे, हमारा ज़ीवन उतना ही बेहतर होगा। यह कहा जाता है कि अपने आपसे प्रेम करना प्रेम के सबसे उदात्त रूपों में एक है। इसमें अपने शरीर से प्यार करना भी शामिल है। क्योंकि नींद को छोड़कर (हालाँकि उसमें भी कुछ स्तर पर शरीर के प्रति जागरूकता होती है) मुझे नहीं लगता कि कोई भी कार्यकलाप ऐसा होता है, जिसमें आपके शरीर की भूमिका नहीं होती। इसलिए उसकी उपासना करें और वह आपको बदले में बहुत कुछ देगा। जिस तरह हम अपने बैंक अकाउंटों में जितने पैसे जमा करते हैं, हमारी सिक्योरिटी उतनी ही मजबूत होगी, उसी तरह हम अपने स्वास्थ्य में जितना

निवेश करेंगे और अपने शरीर को जितना अधिक महत्त्व देंगे, हमारे जीवन की गुणवत्ता उतनी ही अच्छी होगी। अपने शरीर को अपना सबसे अच्छा मित्र समझें और अगली बार जब आप उसे अनदेखा कर रहे होंगे, बस यह याद रखें कि अपने सबसे अच्छे मित्र को अनदेखा करना कैसा लगता है!

आप कल्पना भी नहीं कर सकते कि मानव शरीर कितना अमूल्य है! यह उदाहरण देखें—अगर कोई व्यक्ति 50 करोड़ दे और बदले में उसकी एक उँगली माँगे तो क्या वह अपनी उँगली उसे देगा? अधिक संभव है कि वह व्यक्ति ऐसा कभी नहीं करेगा (अगर वह पागल या दु:साहसी न हो तो)। अगर व्यक्ति की एक उँगली इतनी बेशकीमती है तब सभी अंगों सहित शरीर कितना बहुमूल्य है? जब लोग किसी की संपत्ति की गणना करते हैं तो बस उनके पैसे या भौतिक संपदा को गिनते हैं, जबकि हकीकत में मनुष्य स्वयं असंख्य रुपए का है। तो अगर व्यक्ति को किसी वस्तु पर गर्व करना है तो अपने शरीर पर करे। उसकी उपासना करे और स्पष्ट रूप से उसका मूल्य बढ़ते हुए देखे।

अधिकतर लोग, चूँकि उनकी मानसिकता संकुचित होती है, वे अपने शरीर पर ध्यान देनेवाले लोगों को हिकारत की दृष्टि से देखते हैं। कृपया ऐसे लोगों और उनकी तुच्छ प्रतिक्रियाओं को अनदेखा कर दें। आपका शरीर आपका अपना है, जिसे आपको संरक्षित और पोषित करना है। अगर उसमें कोई खराबी आ जाए तो ऐसे टिप्पणी करनेवाले आकर उसे नहीं बचाएँगे। इसलिए सबकुछ छोड़कर सिर्फ अपने शरीर पर ध्यान दें। लेकिन साथ ही यह भी याद रखें कि आसक्ति और गर्व के बीच एक बारीक अंतर है। अपने शरीर की उपासना करें, लेकिन आत्ममुग्ध न हों; उसका ध्यान रखें, लेकिन सम्मोहित न हों। अपने मन और आत्मा पर भी उतना ही ध्यान दें, जितना अपने शरीर पर। लेकिन निश्चित रूप से उससे कम नहीं। इन तीनों में संतुलन और सामंजस्य होने पर ही आप जीवन में फल-फूल सकेंगे और वास्तव में संतुष्टि पा सकेंगे।

□

6

श्वासों को सुसंगत करें

एक पुराने तिब्बती आध्यात्मिक गुरु ने एक बार कहा था—''श्वास जीवन है।'' यदि हम सूक्ष्म रूप से देखें तो हमारा श्वास हमारे सबसे पास, सबसे करीब है। सहज, संगत रूप में श्वास लेना एक वरदान है। वह आपके अंदर नया जीवन भरता है और आपको शुद्ध करता है, आपके दिमाग में उत्साह और लक्ष्य की एक निश्चितता सुनिश्चित करता है। आप अपने स्वास्थ्य में सबसे अधिक योगदान अपने श्वास को प्राकृतिक रूप से संगत बनाते हुए कर सकते हैं।

अधिकतर लोग जीवन भर अपने श्वास से बेखबर रहते हैं। वे उस पर कोई ध्यान नहीं देते। ऐसे करते हुए वे मनुष्य के सबसे महत्त्वपूर्ण सारतत्त्व, सबसे बड़ी शक्ति को अनदेखा करते हैं। लिनेश सेठ ने एक बार 'द स्पीकिंग ट्री' में लिखा—''जीवन के साथ एक सामंजस्यपूर्ण संबंध स्थापित करने का सबसे सरल तरीका है—अपने श्वास के साथ एक प्रेमपूर्ण, खुशनुमा संबंध विकसित करना।'' बस दिन में दो बार होंठों पर मुसकराहट और बंद आँखों के साथ धीरे-धीरे गहरी साँस लेने का सरल तरीका अपनाएँ—यह आपके उन सभी अंगों में प्रसन्नता भर देगा, जहाँ आप श्वास का मखमली स्पर्श चाहते हैं। इसका उद्देश्य है, अपने श्वास को लंबा और गहरा करते हुए अपने आपको विस्तृत करना। चिकित्सा-विज्ञान ने साबित किया है कि लंबा जीवन प्रत्यक्ष रूप से श्वसन दर से जुड़ा होता है। एक सरल तुलना इसे स्पष्ट करती है—'एक चूहा एक मिनट में 150 बार साँस लेता है और 1 वर्ष जीवित रहता है। एक कुत्ता एक मिनट में 22 बार साँस लेता है और 10 वर्षों तक जीवित रहता है। एक मनुष्य एक मिनट में 12 बार साँस लेता है और औसतन

75 वर्षों तक जीवित रहता है। एक कछुआ एक मिनट में 3 बार साँस लेता है और वह 200 वर्षों तक जीवित रह सकता है।'

आपको अपने श्वास को अपना स्थायी और चिर मित्र मानना चाहिए। अधिकतर लोग गहरी साँस नहीं लेते। वे नहीं जानते कि साँस लेने की क्रिया में जीवन का कितना सत्त्व निहित है। गुरु नानक ने कहा था—''मनुष्य साँसों से बना है, एक बार में एक साँस। अगर साँस आती है तो हम मनुष्य हैं, वरना मिट्टी के पुतले।'' अगर आप मानें तो जीवन और मृत्यु के बीच में सिर्फ एक साँस का फर्क है। साँस इतनी पवित्र है!

गहरी साँस एक अत्यंत शांत अहसास लाती है। जैसा कि लिनेश ने बहुत खूबसूरती से कहा है—''जब आप इस ओर ध्यान देते हैं कि जीवन किस खूबसूरती से आपके अंदर रहता है, पहली बार आप अनुभव करते हैं कि जीवित महसूस करना किसे कहते हैं।'' सिर्फ अपने श्वास पर ध्यान देते हुए आप एक गहरी शांति महसूस करना शुरू कर देंगे। अगर आप अत्यंत संतुष्टि की साँस लेते हैं, आप जीवन की भव्यता महसूस करेंगे। आप कितनी जल्दी-जल्दी साँस लेते हैं और जिस नियमितता से साँस लेते हैं, यह तय करेगा कि आप कितना अच्छा महसूस करते हैं। हमेशा याद रखें, श्वास ही सबकुछ है। गुरु दिंग ले मेइ ने अपनी पुस्तक 'माइ लाइफ इन तिब्बत' में लिखा—''ब्रह्मांड के साथ लय में जीने के लिए हमें उसके नियमों के साथ सामंजस्य स्थापित करना होगा। सार्वभौमिक नियम का आधार जीवन की महान् और पवित्र श्वास की लय है। सच है, श्वांस सभी नियमों का आधार है।'' इसलिए संगत रूप में साँस लें, समस्वरता आपके जीवन का प्रतीक बन जाएगी।

□

अध्याय तीन

आध्यात्मिक

"सबसे उत्तम यात्रा अपनी आत्मा के विकास की यात्रा है।"

–अज्ञात

1

खुद पर अटूट विश्वास रखें

कहते हैं कि विश्वास पहाड़ को भी हिला सकता है। मैंने स्वयं स्पष्ट रूप में विश्वास की शक्ति का अनुभव किया है। जब मैंने ग्रासिम मिस्टर इंडिया प्रतियोगिता में हिस्सा लिया, किसी को (रौनिका, मेरे माता-पिता और मेरी बहन को छोड़कर) नहीं लगता था कि मैं इसमें कामयाब हो पाऊँगा। लेकिन मैं अपने अंदर किसी शक्ति की प्रेरणा महसूस करता था। मैंने महसूस किया कि ईश्वर मेरे साथ है और चाहे दूसरे लोग कितने भी योग्य और तैयारी के साथ क्यों न हों, मैं सबसे अलग चमकूँगा। मुझे याद था कि भौंरे के बारे में क्या कहा जाता है—वायु-गतिकी के नियम कहते हैं कि भौंरा उड़ नहीं सकता। लेकिन कोई यह बात भौंरे को बताना भूल गया—इस बात से अनजान वह उड़ता रहता है। तो जब एक छोटा सा भ्रमर अनजाने में भौतिकी के नियमों को चुनौती दे सकता है तो कल्पना कीजिए कि एक पूर्ण विकसित, पूर्ण सजग मनुष्य विश्वास की ताकत के साथ क्या नहीं कर सकता! जब हालात बहुत अंधकारमय लगते हैं, उस समय भी आपको विश्वास की ताकत के साथ आगे बढ़ना चाहिए। एक दार्शनिक ने बहुत खूबसूरती से कहा है—"हे आत्मा! तुम क्यों चिंतित होते हो? कठिनाइयाँ आएँगी तो क्या! अपनी दृष्टि समाधान पर लगाए रखो, समस्या पर नहीं।" कभी भी प्रतिकूल स्थिति आए, आपको बस ईश्वर को गहरे प्यार, ईमानदारी और विश्वास के साथ स्मरण करना है। वह आपके लिए जादू की छड़ी की तरह काम करेगा।

मारग्रेट शेफर्ड ने यह खूबसूरत पंक्ति कही है—"कभी-कभी हमें सिर्फ विश्वास की एक छलाँग की जरूरत होती है।" जब बाकी सबकुछ बेकार या बरबाद लगने लगता है, तभी मनुष्य का विश्वास चमत्कार करता है। विश्वास बना सकता है, बाँध सकता है, जोड़ सकता है और समरसता ला सकता है। पूरी आजादी दिए जाने पर विश्वास आपकी मुलाकात बराक ओबामा से (या मैडोना से, यदि आप चाहें) करवा सकता है या आपको आई.ए.एस. परीक्षा में अव्वल ला सकता है। आपको बस उसे विस्तृत करना है और उसे आजादी तथा निर्बाध रूप से प्रवाहित होने देना है। अपने विश्वास से कहें कि आप उसके साथ मिलकर चमत्कार कर सकते हैं और अपनी हर इच्छा को साकार रूप दें।

जीवन के अधिकांश दोराहों पर विश्वास ही एकमात्र उपाय होता है। विश्वास से ही नेता अपने अनुयायियों को प्रेरित कर पाते हैं और कप्तान अपनी टीम के सदस्यों को प्रोत्साहित करने में सफल होता है। हर धर्म विश्वास या आस्था से उत्पन्न होता है, कई लोग सिर्फ विश्वास पर काम करते हैं। सच्चा विश्वास अजेय होता है। तर्क और दलील विश्वास की कसौटी नहीं होती, न ही उसे इनसे मापा जाना चाहिए। जिस तरह आपको बिजली का आनंद उठाने के लिए यह जानने की जरूरत नहीं होती कि विद्युत् प्रवाह कैसे काम करता है या कार में सवारी करने के लिए यह जानने की जरूरत नहीं होती कि कार का इंजिन कैसे काम करता है, उसी तरह आपको यह जानने की जरूरत नहीं है कि विश्वास कैसे काम करता है। उस अर्थ में विश्वास एक औषधि की तरह है। जब डॉक्टर आपको बताता है कि कोई दवा आपके लिए ठीक है, तो आपको दवा से लाभ उठाने के लिए उस दवा के हर तत्त्व या रसायन के बारे में जानने की जरूरत नहीं है। डॉक्टर का यह कहना ही पर्याप्त होता है कि वह औषधि आपके लिए कारगर है। यही बात विश्वास के मामले में सच है। बस विश्वास में विश्वास रखें—उस वाक्य को बार-बार पढ़ें, जब तक कि वह आपकी अवचेतना में घुस नहीं जाता। उसकी चामत्कारिक शक्तियाँ काफी मजबूत हैं और उसकी छानबीन करने की कोई आवश्यकता नहीं है। जिस तरह आपको यह जानने के लिए कि पृथ्वी अपनी धुरी पर घूमती है, उसे देखने की आवश्यकता नहीं है, विश्वास भी इसी तरह है। यह एक अकाट्य तथ्य है। यह जानना पर्याप्त है कि विश्वास काम करता है, यह नहीं कि वह कैसे काम करता है। नेपोलियन के शब्दों में—"ज्ञान का

सारा ढाँचा एक शब्द के आगे एक जर्जर इमारत की तरह ढह जाता है और वह शब्द है—विश्वास।'' और जैसा कि इमर्सन ने कहा— ''विश्वास हमें बनाता है, हम उसे नहीं, और विश्वास अपने रूप खुद बनाता है।'' इसलिए अपने विश्वास को विस्तृत करें—और उसे आपके लिए अपना अद्‌भुत रूप बनाते देखें। □

2

जैसा भी है, जिंदगी बेहद खूबसूरत है

किसी ने कभी कहा था, ''जीवन में बेहतरीन उपहार मैले पैकेजों में आते हैं।'' उपहार की खूबसूरती देखने के लिए बस हमें बाहरी आवरण को हटाना होता है। आपको क्षणिक दुःख हो सकता है, लेकिन जब आप पीछे मुड़कर देखेंगे तो आपको महसूस होगा कि कोई हार या कोई निराशा भी अच्छे के लिए घटित हुई है।

मेरे जीवन में ऐसा समय था, जब मैं एक अभिनेता के रूप में सफल होने की कोशिश कर रहा था। लगभग डेढ़ साल तक मैंने अपनी पूरी कोशिश की, लेकिन कोई लाभ नहीं हुआ। हर ऑडिशन के बाद वही निराशा! उसी दौरान रैनिका के प्रोत्साहन से मैंने फोटोग्राफी में रुचि विकसित की और धीरे-धीरे वह मेरा व्यवसाय बन गया। आज ईश्वर की असीम कृपा से मैं दुनिया भर में लाभदायक काम कर रहा हूँ और आभार जताते हुए यह कह सकता हूँ—मैं उससे कहीं अधिक खुश और अधिक संतुष्ट हूँ, जितना हो सकता था। तो बात यह हुई कि एक अभिनेता के रूप में मेरी विफलता ने मुझे फोटोग्राफर के रूप में अधिक बड़ी सफलता दिलाई। यह ईश्वर की अद्भुत योजना है, है न!

कई बार आप किसी चीज का लाभ तब महसूस करते हैं, जब वह गुजर जाता है। एक बार मेरी पत्नी और मैं बहरीन से दिल्ली के लिए फ्लाइट पकड़ रहे थे। हम एक बार पहले ही अपने टिकट को रीशिड्यूल करवा चुके थे और जब हम हवाई अड्डे पहुँचे तो पाया कि वह फ्लाइट भर चुकी थी। हमने अनुरोध किया,

लेकिन चेक-इन काउंटर पर बैठे व्यक्ति ने अपनी असमर्थतता जताई। लेकिन हमारी बात धैर्य से सुनने के बाद उन्होंने हमें छह घंटे बाद की फ्लाइट में फर्स्ट क्लास की दो सीटें देने का प्रस्ताव रखा। क्या हमने शिकायत की ? नहीं। कई बार ऐसा हुआ कि हमारा कोई शूट कैंसिल हो गया या स्थगित हो गया, लेकिन उसके बदले हमें बाद में अधिक बड़ा और अधिक लाभदायक काम मिला या कुछ ऐसा मिला, जो काम से संबंध नहीं रखता था, लेकिन व्यक्तिगत स्तर पर अत्यंत संतोषदायी था। यह हमारे साथ इतनी बार हुआ है कि अब हम जानते हैं कि जब भी ऐसी कोई चीज होती है, वह अच्छे के लिए होती है।

मेरी सार्वकालिक पसंदीदा उक्ति है—'जीवन खूबसूरत है, चाहे जो भी हो।' मैंने जीवन में इसे अपना सिद्धांत बना लिया है और विश्वास करता हूँ कि जो भी होता है, वह अच्छे के लिए होता है। मैं आपको भी यही करने का सुझाव देता हूँ। उन लोगों में न रहिए, जो जीवन की खूबसूरती का आनंद उठाने के लिए कुछ 'बड़ा' होने का इंतजार करते हैं। जीवन में प्रत्येक चीज और प्रत्येक घटना का आनंद लें। जिस प्रकार एक समुद्र असंख्य बूँदों से बनता है, एक यात्रा छोटे-छोटे कदमों से बनती है, ब्रह्मांड छोटे-छोटे अणुओं से बनता है और एक पहाड़ छोटी चट्टानों से बनता है, उसी तरह हमारा जीवन छोटे-छोटे पलों से बनता है, जिनमें से प्रत्येक हमारे विकास में अहम भूमिका रखता है। हमेशा अपने जीवन को अविच्छिन्न के रूप में देखिए, टुकड़े-टुकड़े पलों की बिखरी हुई शृंखला के रूप में नहीं। जिस पल आप अपने जीवन का आनंद उठाने का संकल्प करते हैं, उसी समय से हर पल संपूर्ण रूप से आनंददायक हो जाता है। जीवन की छोटी-छोटी खुशियों में अनगिनत आनंद है—किसी से 'मुझे तुमसे प्यार है' कहना, किसी बच्चे की मुसकराहट, एक सुस्वादु व्यंजन, अच्छी नींद, ठंडी हवा, खूबसूरत आसमान, कोई मनोरंजक सिनेमा, दिल को ठंडक पहुँचानेवाला संगीत, खिले हुए फूल, ताजगी भरा स्नान आदि-आदि। अपनी खुशी भविष्य में नहीं, वर्तमान में तलाशें। चाहे आप किसी बंद कमरे में बैठे हैं, जहाँ करने को कुछ नहीं है, कम-से-कम आप इस चीज की सराहना तो कर सकते हैं कि आप भीड़भाड़ और शोरगुल से दूर शांति के बीच हैं।

कोई फर्क नहीं पड़ता कि आप कहाँ हैं, आपको कुछ-न-कुछ खूबसूरत हमेशा मिल सकता है। इसका सबसे अच्छा वर्णन किया है द्वितीय विश्व युद्ध के दौरान जर्मन नजरबंदी शिविर से जीवित बचे यहूदी विक्टर फ्रैंकिल ने अपनी पुस्तक 'मैन्स सर्च फॉर मीनिंग' में। उन्होंने नाजी विजेताओं द्वारा उन्हें दिए गए गंदे पानी के

बरतन का वर्णन किया है, जिसमें मछली का सिर तैर रहा था। उन्होंने अपने दिमाग को उसकी भयानकता पर लगाने की बजाय उस भोजन की खूबसूरती को देखने के लिए तैयार किया। उन्होंने माना कि हर चीज में सौंदर्य देखने की उनकी क्षमता ने ही उन्हें उन अमानवीय शिविरों में जीवित रहने में मदद की। कल्पना कीजिए, यदि विक्टर उन अत्यंत कष्टदायक परिस्थितियों में भी सुंदरता देख सकते थे, तो हममें से अधिकतर लोग निश्चित रूप से उनसे कहीं अधिक भाग्यशाली हैं। हमें बस अपने आस-पास देखना है और अपने भीतर देखना है तथा अपना ध्यान खूबसूरती पर लगाना चाहिए। फिर हमें अनुभव करने के लिए कुछ-न-कुछ खूबसूरत जरूर मिलेगा—कुछ ऐसा, हो सकता है, जिसकी हम अब तक कद्र न करते रहे हों!

□

3

ईश्वर के साथ अकसर बात करें

स्वामी विवेकानंद ने कभी कहा था—"ईश्वर के साथ आप गहरे समुद्रों को पार कर सकते हैं। ईश्वर के बिना आप एक देहरी भी पार नहीं कर सकते।" मैं मजबूती के साथ कह सकता हूँ कि मेरे जीवन में सबसे बड़ा वरदान यह है कि मैं हर चीज पर ईश्वर से बातें कर सकता हूँ। इस स्वस्थ संबंध ने सुनिश्चित किया है कि मैं जीवन में जो भी करता हूँ, उसमें पूरी तरह सुरक्षित होता हूँ, जैसा कि किसी ने कहा है—"इकलौती लाभदायी सुरक्षा वह होती है, जो भीतर से आती है।" ईश्वर के साथ वह भीतरी वार्त्ता बहुत महत्त्वपूर्ण है। यह हमारा हार्दिक प्रयास होना चाहिए कि उसे कभी-कभार का स्मरण न बनने दें, जैसा कि अधिकतर लोग कष्ट के समय करते हैं। क्यों नहीं अपनी बातचीत में खुशी को भी शामिल करें? और धीरे-धीरे उस स्तर तक आएँ, जहाँ आपको ईश्वर के साथ बातचीत के लिए उदासी या खुशी जैसी किसी चीज के बहाने की जरूरत न पड़े, जहाँ आप सिर्फ बातचीत के लिए बातचीत करते हैं। सबसे अच्छी बात यह है कि आपको यह बातचीत करने के लिए कहीं जाने की जरूरत नहीं पड़ती। जैसा कि ऑस्ट्रियन दार्शनिक फ्रैंज काफ्का ने बड़ी खूबसूरती से कहा है, "आपको कमरे से बाहर जाने की जरूरत नहीं है। अपनी मेज पर बैठे रहें और सुनें। आपको सुनने की भी जरूरत नहीं है, बस इंतजार करें। आपको इंतजार करने की भी जरूरत नहीं है, बस शांत व निश्छल और ऐकांतिक बनना सीखें। दुनिया पूरी तरह से आपके आगे बिछ जाएगी। उसके पास कोई चारा नहीं है; वह खुशियाँ आपके पैरों पर लाकर रख देगी।" जब आप वास्तव में वैसी शांति दिखाते हैं, ईश्वर के साथ बातचीत करना

बहुत स्वाभाविक और सहज हो जाता है।

मान लीजिए, अगर बच्चों को किसी चीज की अत्यंत जरूरत है, तो उन्हें किसके पास जाना चाहिए? अपने माता-पिता के पास, है न? इसी तरह अगर हमें वास्तव में कोई चीज चाहिए तो हमें किसके पास जाना चाहिए? अपने शाश्वत माता-पिता, ईश्वर के पास। इस पवित्र रिश्ते को समझें और उसे अपने जीवन की आधारशिला बना लें। एक बार मदर टेरेसा से पूछा गया कि वह मानवता को क्या संदेश देना चाहेंगी? उन्होंने जवाब दिया—"लोगों को और प्रार्थना करनी चाहिए।" ईश्वर के साथ आपका संबंध सबसे अच्छे मित्र का, माता-पिता के साथ बच्चे जैसा होना चाहिए। (आप माता या पिता के रूप में ईश्वर की पूजा कर सकते हैं, जैसा भी आपको अच्छा लगे। हालाँकि मैंने इस पूरी पुस्तक में ईश्वर को परम शक्ति के रूप में देखा है; लेकिन आपके लिए कोई बाध्यता नहीं है, आप उसे किसी भी नाम से बुला सकते हैं)। अपने और ईश्वर के बीच किसी औपचारिक संबंध का कोई पूर्वग्रह न रखें। एक बार आप ईश्वर को अपना एकमात्र केंद्रबिंदु बना लें, बाकी सबकुछ सरल और स्पष्ट हो जाएगा।

सबसे ऊपर ईश्वर आपके लिए प्रमुख होना चाहिए। आप उसके साथ टहलें, उससे बातें करें। वह आपका सबसे करीबी, आपका साथी होना चाहिए। अकसर लोग ईश्वर के प्रति एक पूर्व निर्धारित दृष्टिकोण रखते हैं और उसे पुरातन स्रोतों, मंत्रों व प्रार्थनाओं से प्रसन्न करने का प्रयास करते हैं और भावनाओं से अधिक शब्दों पर जोर देते हैं। ईश्वर के साथ बातचीत का सबसे प्रभावी तरीका है, जैसे आप अपने साथ बातचीत करते हैं—सरल, व्यवस्थित, सहज और प्रथम पुरुष में। इसके अलावा ईश्वर के साथ संबंध भय से नहीं बल्कि प्रेम से बनाएँ। अधिकतर लोगों की तरह यह न कहें, "मैं ईश्वर से डरता हूँ।" यह कहें कि "मैं ईश्वर से प्रेम करता हूँ।" और इस बातचीत को प्रथा या काम की तरह न लें, जैसे पूर्व-निर्धारित समय पर या नियत अवसरों पर प्रार्थना करना। ईश-स्मरण को किसी रविवार, सोमवार या शुक्रवार तक सीमित रखने और बाकी सप्ताह उसे भूल जाने की प्रवृत्ति न अपनाएँ। ईश्वर को जितना चाहें और जितनी बार चाहें, याद करें। ईश्वर वह आधार, वह आड़ है जिस पर हमारा अस्तित्व आधारित है। यह आड़ जितनी मजबूत होगी, हमारा जीवन उतना ही प्रसन्न और उतना ही संपूर्ण होगा। मैं फिर कहता हूँ— ईश्वर को सिर्फ विशेष समय न याद करें। अगर आप हर समय उसे याद करते हैं तो सारा समय विशेष, बल्कि बहुत विशेष होगा। श्री श्री रवि शंकर ने कहा है—

“ईश्वर इस ब्रह्मांड का आधार तत्त्व है, इस अस्तित्व का आधार है। ईश्वर वह ब्रह्मांड है, जिसमें सारी चीजें घटित होती हैं।” बातचीत का वरदान आपको उस स्थिति में ले आता है, जहाँ ईश्वर कोई वस्तु या विषय नहीं रहता, बल्कि एक अनुभव हो जाता है। जिस प्रकार एक वृक्ष को हमेशा अपनी जड़ों को याद रखना चाहिए (अन्यथा वह निर्जीव हो जाएगा) और नदी को हमेशा अपने स्रोत को याद रखना चाहिए (अन्यथा उसमें कोई जान नहीं होगी), हमें हमेशा अपने वास्तविक स्रोत ईश्वर को जानना चाहिए और उससे जुड़े रहना चाहिए।

□

4

ईश्वर को असीम समझें

अपने जीवन के कई अन्य क्षेत्रों की तरह अधिकतर लोग अपने चमत्कारी कर्ता ईश्वर को भी सीमित बना देते हैं। वे एक साधारण जीवन जीते रहते हैं और यह सोचते हैं कि ईश्वर ने उन्हें यही जीवन जीने के लिए दिया है। यह ईश्वर की इच्छा है कि वे इस तरह से रहें। लेकिन जैसा कि 'कन्वर्सेशंस विद गॉड' में लिखा गया—"अपने लिए आपकी इच्छा ही आपके लिए ईश्वर की इच्छा है।" दूसरे शब्दों में, यदि लोग खुद ही औसत जिंदगी जीना चाहेंगे तो ईश्वर उनके लिए क्या कर सकता है? हमने पिछले उप-अध्याय में ईश्वर और मनुष्य के लिए अभिभावक-बालक का उदाहरण इस्तेमाल किया है। कल्पना कीजिए, यदि एक बच्चा पढ़ाई न करना चाहे तो माता-पिता उसे ऐसा करने के लिए मजबूर नहीं कर सकते। वे बस एक सीमा तक उसकी मदद कर सकते हैं, लेकिन आखिरकार बच्चे को अपने लिए खुद मेहनत करनी होगी। चाहे एक माँ कितनी भी कोशिश कर ले, वह अपने बच्चे के बदले परीक्षा में नहीं बैठ सकती। इसी तरह ईश्वर हम सबकी मदद करता है।

ईश्वर को असीम बनाना अपने आपको असीम बनाना है, ऐसा ही उलट स्थिति में भी है। अपने आपसे कहें कि अगर आप अपने दिल की बात पर और प्रकृति के अन्य नियमों के अनुसार चलते हैं तो ईश्वर आपके लिए कुछ भी कर सकता है (और करेगा)। लेकिन आपको उसकी शक्ति में वाकई भरोसा करना होगा। ईश्वर आपके लिए क्या कर सकता है, उसका क्षेत्र व्यापक करें। उसके तरीके आपकी असीमाओं की सीमाओं से भी अधिक व्यापक और विशाल होते हैं।

इसलिए जब आपके पास ऐसी अतुलनीय शक्ति है तो उसका भरपूर लाभ उठाएँ। उसे ऊपर की ओर ले जाएँ। अपने आपसे कहें—''ईश्वर, आप मेरे द्वारा वह कर सकते हो, जो हर कोई अकरणीय मानता है; आप मुझे वह दिला सकते हो, जो हर कोई अप्राप्य मानता है; आप मेरे लिए वह संभव बना सकते हो, जिसे हर कोई असंभव मानता है!'' जब आप ऐसा कहते हैं तो देखें कि किस तरह ईश्वर सामने आता है और आपको प्रचुरता की अद्‌भुत भूमि पर आनंददायक सैर कराता है! फिर से अभिभावक-बालक उदाहरण को लेते हैं। अगर कोई बच्चा किसी प्रकार के दबाव से गुजर रहा है तो उसे किसके पास जाना चाहिए? अपने माता-पिता के पास, है न! और उससे अधिक अगर बच्चे को पता है कि उसके माता-पिता बहुत अमीर हैं तथा उसके लिए आर्थिक रूप से सुरक्षित महसूस करने के सभी कारण हैं, तो क्या यह मूर्खता नहीं होगी कि फिर भी अगर बच्चा अपने माता-पिता के अत्यंत संपन्न होने के बावजूद दूसरों से भीख माँगता फिरे? यही चीज हमारे और ईश्वर के साथ है, जो हमारा अभिभावक है। वह जो अत्यंत सक्षम है, अत्यंत संपन्न है, अपनी समृद्धि में हमें हिस्सा देने का इंतजार कर रहा है। लेकिन वे उसके बच्चे हैं, जो राह से भटक गए हैं और दूसरे छोटे स्रोतों से टुकड़े माँग रहे हैं। वे हर जगह जाते हैं, चिरौरी करते हैं, दूसरों को दोष देते हैं, दूसरों से याचना करते हैं और सोचते हैं कि उन्होंने काफी प्रयास कर लिया है। लेकिन वही नहीं करते, जो वास्तव में उन्हें करना चाहिए—हक से अपने अभिभावक से माँगना। अपने जीवन को बेहतर बनाने के लिए उन्हें बस ईश्वर और उसकी असीम प्रचुरता को याद करने की जरूरत है। उनके चमत्कार के बाद सभी सीमाएँ टूट जाएँगी और हम उस परम शक्ति जितने ही संपन्न होंगे, जिसने प्यार से हमें बनाया है।

□

5

अपनी सहनशक्ति की सीमा बढ़ाएँ

मनुष्य के सबसे बड़े दुर्गुणों में है श्रेष्ठता की, दूसरों से बेहतर होने की भावना। सभी संस्कृतियों, जातियों, भाषाओं और धर्मों के लोग दूसरों से अपनी श्रेष्ठता को लेकर आश्वस्त होते हैं। यही नहीं, कुछ देश भी अन्य देशों के ऊपर अपनी श्रेष्ठता-प्रेरित असहिष्णुता प्रदर्शित करते हैं। आज की दुनिया में ज्यादातर रक्तपात और हिंसा इसी असहिष्णुता से उत्पन्न होती है, जिसे लोगों ने असंख्य वर्षों में विकसित किया है और अपने विचारों, भ्रमों एवं कल्पनाओं से उसे सींचा है। आज जो सबसे अवांछनीय है, वह अपने धर्म से लोगों का जुड़ाव है। वे इतने कट्टर और अपनी काल्पनिक श्रेष्ठता में इतने उलझे हैं कि 'एक विश्व, एक मनुष्य' की अवधारणा उनके लिए अजनबी है। वे अपनी सहनशीलता की सीमा को अपने समूह और गुट से इतर विस्तृत नहीं करते। वे उस बाग की तरह हो जाते हैं, जिसमें एक ही प्रकार की गंध होती है, एक ही रंग होता है। कल्पना कीजिए कि वह इंद्रधनुष कैसा होगा, अगर उसमें सिर्फ बैंगनी रंग ही हो? या वह बगीचा कैसा होगा, जिसमें सिर्फ एक प्रकार के फूल हों? या वहाँ सिर्फ घास हो और कुछ नहीं हो! क्या आपको किसी जिद्दी और दकियानूसी व्यक्ति के साथ बिताए गए समय की याद है? क्या आपको याद है कि उसके बाद कैसा लगा था? आप में इतनी नकारात्मक भावना उपजी होगी कि आपने अपना अस्तित्व समाप्त करना चाहा होगा। साथ ही, आपको याद है कि किसी उदार, खुली मानसिकतावाले व्यक्ति के साथ समय बिताकर आपको कैसा लगा? क्या आपको याद है कि उसके बाद आपने स्वयं को कितना सकारात्मक और उत्साहित महसूस किया?

यह हमारा कर्तव्य है कि हम अपनी आनेवाली पीढ़ियों के लिए एक अधिक बेहतर और अधिक संपूर्ण दुनिया बनाएँ। एक पल के लिए सोचें कि किस प्रकार के माता-पिता अपने बच्चों को विषैला भोजन देना चाहेंगे? यह अकल्पनीय और अरुचिकर है। लगभग हर माता-पिता अपने बच्चे को सबसे अच्छा पोषण देना चाहेंगे। इसी तरह क्या उन्हें प्यार और उदारता की शिक्षा नहीं देनी चाहिए? सिर्फ हमारे दिमाग ही नहीं, हमारे दिल भी खुले होने चाहिए। चलिए, अपने आपको विस्तृत करके यह मान लें कि पूरी दुनिया हमारा परिवार है, सिर्फ कुछ लोग नहीं। हम घृणा का विष पीते हुए नहीं, बल्कि सहनशीलता का अमृत पीते हुए मानव सभ्यता में महत्त्वपूर्ण योगदान दे सकते हैं।

चलिए, एक उदाहरण लेते हैं—अगर आपको अमेरिका जाना है, तो आप ब्रिटेन, इटली, जर्मनी, फ्रांस, खाड़ी होते हुए जा सकते हैं या सीधी ट्रांस-अटलांटिक फ्लाइट ले सकते हैं। इनमें से कोई भी सही या गलत रास्ता नहीं है। यह पूरी तरह आपकी पसंद, एयरलाइन का चयन, बजट या यात्रा-योजना पर निर्भर करता है। इसी तरह, अगर आप किसी रेस्तराँ में जाते हैं तो आप मेनू में मौजूद व्यंजनों में से कुछ भी मँगा सकते हैं या मेनू से अलग किसी व्यंजन का अनुरोध कर सकते हैं। कोई व्यंजन सही या गलत नहीं है। इसलिए जिस प्रकार कोई यात्रा करना या कोई व्यंजन मँगाना पूरी तरह व्यक्तिगत स्वाद और पसंद का विषय है, उसी प्रकार ईश्वर तक पहुँचने के बहुत से तरीके हैं। जिस प्रकार आपके द्वारा अपने बच्चों की तुलना किए जाने या यह कहे जाने पर कि एक बच्चा अच्छा है और एक बुरा, किसी माता-पिता को बुरा लगेगा, ईश्वर को भी अच्छा नहीं लगेगा, जब आप यह कहेंगे कि उस तक पहुँचने का एक रास्ता अच्छा है और दूसरा बुरा। हमेशा यह याद रखें कि ईश्वर तक जानेवाले सभी रास्ते सम्मान और सराहना के योग्य हैं।

□

6

दूसरों को धन्यवाद देना सीखें

मैंने जीवन में जितना देखा है, उससे पाया है कि सबसे बड़ा उपहार कृतज्ञता का उपहार है। यह सबसे बड़ा आशीर्वाद है, जो किसी को दिया जा सकता है। मैं व्यक्तिगत अनुभव से यह कह सकता हूँ कि चाहे जीवन में आपकी वर्तमान स्थिति कुछ भी हो, आपको आभार प्रकट करना चाहिए। जिस समय मैं एक उथल-पुथल से गुजर रहा था, मैंने अपनी परिस्थितियों के लिए सिर्फ कृतज्ञता के शब्द बोले; क्योंकि मुझे पता था कि एक दिन 'यह भी गुजर जाएगा'। वास्तव में यदि आप जीवन में कृतज्ञता का दृष्टिकोण विकसित कर लें तो आपके आस-पास की चीजें अधिक समरस और आपकी योजनाओं के अनुकूल हो जाएँगी।

मैं हमेशा पढ़ता था कि किस तरह हमें कुछ पाने से पहले उसके लिए धन्यवाद देना चाहिए। मैं नहीं जानता था कि यह बात कितनी सच है, जब तक कि मैंने उसे व्यवहार रूप में नहीं अपनाया। मुझे हमेशा यात्रा करने का शौक था और उम्र के तीसरे दशक के मध्य में एक ऐसा चरण आया, जब मैं कई वर्षों तक भ्रमण नहीं कर पाया। जब मैंने 'द पावर ऑफ पॉजिटिव थिंकिंग' में 'अग्रिम धन्यवाद देने' के बारे में पढ़ा तो यथासंभव बढ़िया तरीके से सबसे खूबसूरत स्थानों की यात्रा करवाने के लिए मैंने पहले से ईश्वर को धन्यवाद देना शुरू किया। कुछ समय बाद मेरा आभार ग्रहण हो गया और मैं यह महसूस करने लगा कि मैं उस स्थान से लौट आया हूँ, जहाँ मैं वास्तव में जाना चाहता था। एक साल के भीतर मैंने फिर से यात्रा करना शुरू कर दिया, बिलकुल उसी तरीके से जिस तरीके से मैं करना चाहता था। चार साल हो चुके हैं और मैंने ऑकलैंड से लेकर अलास्का तक दुनिया के सुदूर

हिस्सों की यात्रा कर ली है, यह सब धन्यवाद देने की बदौलत। मैं सुझाव दूँगा कि आप भी ऐसा ही करें और जीवन में जो भी चाहते हों, उसे अभिव्यक्त करें। आप जितने अधिक कृतज्ञ होंगे, आपके पास आभार प्रकट करने के और अधिक कारण होंगे। वास्तव में, यदि आपकी शब्दावली सिर्फ एक शब्द 'धन्यवाद' तक सीमित हो तो आप जीवन की सारी परेशानियों को पार कर लेंगे, बजाय इसके कि आपके पास बड़े-बड़े शब्द हों, जो भावना और अहसास से वंचित हों।

और अपनी कृतज्ञता को सिर्फ विशेष अवसरों के लिए सीमित न करें। इसकी बजाय अपने जीवन में हर किसी चीज के लिए और हर किसी को धन्यवाद देने की आदत बनाएँ। अपने आपको देखें तो आपको बहुत सी चीजें ऐसी दिखेंगी, जिसके लिए आपको आभारी होना चाहिए—अपनी साँस के लिए, अपनी आँखों की रोशनी के लिए, अपनी आवाज के लिए हाथों, पैरों, कानों, बालों आदि के लिए। थोड़ा और दूर देखें और सूची उतनी ही विस्तृत हो जाएगी—आपका परिवार, मित्र, साथी, आपके आदर्श लोग आदि। और फिर गुंजायमान प्रकृति है—हरियाली, प्राकृतिक दृश्य, पक्षी, फूल आदि, जिन्हें धन्यवाद ज्ञापित कर सकते हैं।

जीवन के बहुत से दुःखों की दवा है आभार प्रकट करना। वास्तव में हम सब एक आसान अभ्यास से काफी लाभान्वित हो सकते हैं—अपनी अच्छी चीजों की गिनती करने का अभ्यास। एक कागज लें और उस पर 30 चीजें लिखें, जिसके लिए आप ईश्वर के आभारी हैं। आपको दिल से जो लगता है, वह लिख सकते हैं। वे कुछ भी हो सकती हैं—आपके परिवार से लेकर आँखों की रोशनी, कैरियर से लेकर खूबसूरत बालों या पोर्च में खड़ी एक स्पोर्ट्स कार! इससे आपको बहुत मदद मिलेगी। यदि आप अपने आस-पास या अपने अंदर देख सकें, एक बार अपनी आँखें बंद करें और वह सब याद करें, जिसके लिए आप कृतज्ञ हैं। यह अभ्यास जितनी बार कर सकें उतनी बार करें। लेकिन खासकर तब, जब आप निराशा महसूस कर रहे हैं। आप तुरंत प्रसन्न और उत्साहित महसूस करेंगे।

अपनी कृतज्ञता का अभ्यास उदारता से करें और उसे किसी अवसर या घटना पर निर्भर न करें, जैसा कि कई लोग करते हैं। आपको हर पल ईश्वर को उसके लिए धन्यवाद देना चाहिए, जो था, है और रहेगा। आपका आभार जितना अधिक होगा, आपका जीवन उतना ही बेहतर होगा। डेनिस वेटली ने सबसे अच्छा कहा है—"खुशी तक पहुँचा नहीं जा सकता, उस पर कब्जा नहीं किया जा सकता, उसे

अर्जित नहीं किया जा सकता, पहना या ग्रहण नहीं किया जा सकता—वह हर मिनट को प्यार, गरिमा और आभार के साथ जीने का आध्यात्मिक अनुभव है।'' तो चलिए, हम आभारी हों और तब खुशी अपने आप हमारे पास आ जाएगी। □

अध्याय चार

आर्थिक

"ईश्वर के पास मेरे लिए जो समृद्धि है, उसे भोगना सिर्फ मेरा अधिकार और विशेषाधिकार नहीं, वह मेरी जिम्मेदारी है।"

—जैन डेनिस

1

संपन्नता का ख्वाब देखें

यह उचित रूप से कहा गया है कि ''जीवन एक निष्पक्ष नियोजक है, वह आपको हर वह चीज देता है, जिसकी आप माँग करते हैं।'' आपको बस यह करना है कि सदा विशाल ब्रह्मांड की समृद्धि में अपना हिस्सा माँगना है। दुनिया में हर किसी के लिए पर्याप्त है। जैसा रोंडा ब्रायन 'द सीक्रेट' में कहती हैं—''आप जो भी आदेश करते हैं, आकर्षण के नियम से आपको वह मिल जाता है।''

समृद्धि की इच्छा रखने में शर्मिंदा होने की जरूरत नहीं है। ऐसा नहीं है कि इस दुनिया में जो लोग गरीबी में रह रहे हैं, वे समृद्ध लोगों के मुकाबले इस दुनिया के लिए कुछ अधिक कर रहे हैं। गरीबी एक मानसिक स्थिति है, जो समृद्धि की तरह ही खुद को आराम से ग्रहण कर लेती है। हमें लगातार ईश्वर की कृपा और उसके खजाने की इच्छा रखनी चाहिए, जो असीमित है। यदि दुनिया में सिर्फ सीमित संपन्नता होती तो सरल गणित से हर वर्ष लोगों की बढ़ती संख्या के कारण हर किसी की आय और समृद्धि कम हो जाती। लेकिन हम सब जानते हैं कि यह सच नहीं है। वास्तव में ब्रह्मांड स्वयं पिछले 13.7 अरब वर्षों से विस्तृत हो रहा है और अब तक ऐसा है। यही स्थिति दुनिया की समृद्धि और अमीरों की है—जितने अधिक लोग होते हैं, समृद्धि उतनी ही अधिक होती जाती है। यह एक परम सत्य है। जिस प्रकार प्रकृति अपने आपको मुक्त हस्त से समर्पित करती है—यदि किसी शहर में बारिश होती है तो सबके लिए बराबर होती है; यदि धूप है तो वह हर किसी के लिए है। इसी तरह ब्रह्मांड अपनी प्रचुरता हर किसी को न्योछावर करता है, जिसमें राष्ट्र, उम्र, स्टेटस, रंग, वर्ग या धर्म का कोई भेदभाव नहीं होता। उसके

लिए बस आपकी इच्छा होनी चाहिए। अधिकतर लोगों की घिसटनेवाली मानसिकता होती है। उन्हें लगता है कि उन्हें बस इतना ही चाहिए। वे अपनी इच्छाओं और सपनों को संकुचित करते रहते हैं। लेकिन ब्रह्मांड चाहता है कि आप असीमित सपने देखें। वह चाहता है कि आपकी महत्त्वाकांक्षाएँ इतनी अधिक हों कि प्रचुर शब्द भी आपके लिए पर्याप्त न हों।

यह सही कहा गया है—"आप जैसा बोओगे, वैसा ही काटोगे"। यदि आप प्रचुरता के सपने बोएँगे तो अपने जीवन में प्रचुरता का अनुभव करेंगे। यदि आप अपने अंदर खुद को भरोसा दिलाएँ कि आपके पास वह सब हो सकता है, जो आप चाहते हैं तो आखिरकार आपके पास वह सब होगा, जो आप चाहते हैं। यह बहुत महत्त्वपूर्ण है कि आप अपने अंदर समृद्धि संपन्नता के विचार भरें। संपन्नता के बारे में जान-बूझकर बात करें और ऐसे शब्दों का इस्तेमाल करें, जो समृद्धि के प्रति आपकी जागरूकता को प्रदर्शित करते हैं। यदि आपके दिमाग में अभाव के विचार भी आते हैं तो तुरंत उन्हें हटा दें। यदि आपके आस-पास के लोग अपने ऊपर तरस खाते हैं या अभाव की बातें करते हैं तो उनमें न शामिल हों। अपने आपको बाहुल्य के साथ जोड़ें—और बाहुल्य आपका आधार वाक्य बन जाएगा। वास्तव में हर व्यक्ति, जो अपनी मेहनत से अमीर हुआ है, उसने पहले समृद्ध के रूप में अपनी कल्पना की और बाद में ब्रह्मांड ने बस उसकी इच्छा के प्रति प्रतिक्रिया की। इसलिए संपन्नता का ख्वाब देखें और आखिरकार वह आपकी हकीकत बन जाएगा। जैसा कि डॉ. वेन डायर ने कहा है—"संपन्नता वह नहीं है जो हम प्राप्त करते हैं—वह ऐसी चीज है, जिससे हम लय मिलाते हैं।"

ब्रह्मांड चाहता है कि हम बेहतरीन से बेहतर बनें। नेपोलियन हिल ने एक बार कहा—"पैसा चल, सोच या बोल नहीं सकता, लेकिन वह सुन सकता है जब एक व्यक्ति, जो उसकी इच्छा रखता है, उसे बुलाता है।" इसलिए धन को जोर से आवाज दें और वह बड़ी मात्रा में आपके पास आ जाएगा।

□

2

उच्च कोटि का जीवन जिएँ

अधिकतर लोग राजा की तरह जीवन गुजारना चाहते हैं। लेकिन सिर्फ एक चीज उन्हें ऐसा करने से रोकती है—कहीं गहरे उन्हें ऐसा लगता है कि वैसा जीवन उनके लिए नहीं है, कि वे उतना खर्च नहीं कर सकते। मेरा अनुभव बताता है कि जो लोग संपन्न जीवन जीते हैं, वे इसी के लिए होते हैं, चाहे कुछ भी हो जाए। काफी समय पहले मैंने अमिताभ बच्चन का एक इंटरव्यू पढ़ा। उन्होंने वर्ष 2000 की एक घटना का वर्णन किया, जब वह आर्थिक रूप से बहुत कमजोर हो चुके थे और दिवालिया होने के कगार पर थे। वह एक अंतरराष्ट्रीय फ्लाइट पर थे और रात के भोजन के बाद विमान परिचारिका मर्चेंडाइज ट्रॉली के साथ आई। घड़ियों के बेहद शौकीन बच्चन को एक स्विस टाइमपीस पसंद आया। वह काफी महँगा था। उन्होंने एक सेकंड सोचा और कहा, "अगर मेरा आर्थिक पतन होना ही है तो मैं क्यों न स्टाइल में नीचे जाऊँ!" उनके पास जितने भी पैसे थे, उन सबसे उन्होंने वह घड़ी खरीद ली। किसी और को यह आर्थिक हाराकीरी (आत्मघात) लग सकती है। लेकिन किस्मत देखिए, कुछ सप्ताह बाद उन्होंने केबीसी के अनुबंध पर हस्ताक्षर किए। उनकी किस्मत ने पलटा खाया और तब से उन्होंने मुड़कर नहीं देखा है।

मैं फिर आपके साथ अपना एक अनुभव बाँटना चाहता हूँ—मेरे एक मित्र लंबे समय से हवाई जहाज में बिजनेस श्रेणी में सफर करने का सपना देख रही थीं। पहली बार वह पाँच वर्ष पहले अमेरिका गईं, हालाँकि उनकी आर्थिक स्थिति बहुत अच्छी नहीं थी, लेकिन उन्होंने अपने क्रेडिट कार्ड का इस्तेमाल करते हुए बिजनेस

क्लास का टिकट बनवाया। उन्हें चुभा, लेकिन ठंडी साँस लेकर उन्होंने ऐसा कर ही डाला। वह वापस आईं और उनका काम इतना अधिक बढ़ा कि पाँच सालों में उन्होंने 18 अंतरराष्ट्रीय यात्राएँ की हैं और हर बार वह बिजनेस क्लास से गईं। यह अद्‌भुत है न! तो इस कहानी का संदेश है—यदि आप वास्तव में एक अच्छा जीवन जीना चाहते हैं (और किसी मनुष्य के ऐसा न चाहने की कोई वजह नहीं है) तो आपको बस एक गहरे, मूलभूत स्तर पर अपने आपको आश्वस्त करना है कि ईश्वर ने आपको उसी लिए बनाया है—राजा-रानियों की तरह भव्य जीवन जीने के लिए—और उसे हक से अपना समझें।

जैसा कि 'योर बेस्ट लाइफ नाउ' में जोएल ओस्टीन कहते हैं—"आपको अपने दिमाग में यह बात रखनी चाहिए कि आप परम परमात्मा की संतान हैं और महान् चीजों के लिए बनाए गए हैं। ईश्वर ने आपको औसत जीवन जीने के लिए नहीं बनाया है। ईश्वर ने आपको उत्कृष्ट प्रदर्शन के लिए बनाया है और उसने आपको काबिलियत, अंतर्दृष्टि, प्रतिभा, बुद्धि और ऐसा करने के लिए अपनी अलौकिक शक्तियाँ दी हैं। आपके पास ईश्वर-प्रदत्त अपनी नियति को पूरा करने के लिए हर जरूरी चीज मौजूद है।" वह आगे कहते हैं—"जिस प्रकार किसी के बच्चे की गरीबी माता-पिता के रूप में उस व्यक्ति पर प्रत्यक्ष रूप से असर डालती है, उसी तरह जब कोई जीवन में अभाव की मानसिकता रखता है तो यह ईश्वर को अच्छा नहीं लगता है। ईश्वर तब प्रसन्न नहीं होता जब कोई अपने जीवन में घिसटता है; पराजित, अवसादग्रस्त, परिस्थितियों से हमेशा हतोत्साहित होता है। इसकी बजाय ईश्वर तभी प्रसन्न होता है जब कोई व्यक्ति समृद्धि के बारे में सोचता है।" इसलिए ईश्वर की संतान के रूप में अपनी उपयुक्त स्थिति को प्राप्त करें और जानें कि सबकुछ आपकी पहुँच के अंदर है। अपने आपको समृद्धि में देखें, अपने आपको उच्चतम स्तरों तक पहुँचते देखें और उस दृष्टि को हमेशा अपने अंदर समाहित रखें।

सुविधाजनक जीवन जीते हुए कृपया अपराध-बोध न पालें। अपने आपसे पूछें—क्या आप अपने आपको या अपने परिवार को दूषित भोजन देना चाहेंगे? नहीं न! आप बेहतरीन गुणवत्ता चाहते हैं और यह उचित भी है। इसी तरह क्यों नहीं इसी बात को अपने जीवन के दूसरे क्षेत्रों पर भी लागू करते? यदि आपको कपड़े पहनने ही हैं (अगर नग्नता आपकी जीवन-शैली नहीं है), तो क्यों नहीं सबसे अच्छे कपड़े पहनें? इसी तरह, अगर आप कोई कार चला रहे हैं तो कोई

खटारा-धक्कामार गाड़ी क्यों चलाएँ (जो अधिक विषैले तत्त्व छोड़ते हुए पर्यावरण को भी नुकसान पहुँचाती है)? क्यों नहीं बेहतरीन सुरक्षा और उत्सर्जन मानदंडों वाली लेटेस्ट कार चलाएँ? क्यों नहीं अपनी कार में रेगुलर की बजाय एक्स्ट्रा प्रीमियम ईंधन भरें? क्यों नहीं अपने घर के लिए बेहतरीन फर्निशिंग और फिक्स्चर चुनें? क्यों नहीं हर चीज में बेहतरीन चुनें? सच मानिए, यह वहन कर पाने का सवाल नहीं है—यह बस चुनने का सवाल है।

□

3

जोखिम उठाएँ

सबीर भाटिया ने एक बार कहा, ''जीवन में सबसे बड़ा जोखिम है—जोखिम न उठाना।'' मैंने व्यक्तिगत अनुभव से यह सीखा है। जितना बड़ा जोखिम होता है, उतना ही बड़ा फायदा। वर्ष 2006 में मैंने अपनी पत्नी रैनिका से वादा किया था कि हम उनकी पहली कॉफी टेबल किताब 'दि आई ऑफ इटरनिटी' प्रकाशित करेंगे और उसका विमोचन करवाएँगे स्टाइल आइकन मलाइका अरोड़ा खान से। वह उस समय एक महत्त्वपूर्ण परियोजना थी, जिसके लिए लगभग 15 लाख रुपए की जरूरत थी। हमारी नई-नई शादी हुई थी और हमारे पास उतनी ही बचत थी। फिर भी हमने उस परियोजना पर काम करने और अपना सारा पैसा लगाने का फैसला किया। हम दिल में कहीं इस बात को लेकर आश्वस्त थे कि यह जुआ हमारे लिए लाभदायक रहेगा। और यह सही निकला। एक वर्ष के भीतर उस निवेश ने कई गुना वापस कर दिया। अगर हम जोखिम उठाने और अपने आपको विस्तृत करने से इनकार करते तो वह परियोजना और उसकी सफलता कभी सामने नहीं आ पाती। आपको बस मानसिकता बदलनी होगी। सुविधा के खोल से बाहर निकलकर चुनौती की भावना अपनाएँ। जैसी कि कहावत है—''आप चीलों के साथ नहीं उड़ सकते, जब तक आप मुर्गियों के साथ घूम रहे हैं।'' दूसरे शब्दों में, आप बड़ा जोखिम उठाए बिना बड़े लाभ हासिल नहीं कर सकते। जब तक आप ऊँचा दाँव नहीं खेलते, एक भव्य जीवन नहीं जी सकते।

अपनी पुस्तक 'थिंक बिग ऐंड किक ऐस' में बिल जेंकर जोखिम उठाने का एक बहुत बढ़िया उदाहरण पेश करते हैं। वह हमें बताते हैं कि किस प्रकार वह एक छोटे से

इवेंट प्रमोटर थे, जब तक एक दिन एक विचार उनके दिमाग में नहीं कौंधा। उन्होंने सोचा कि अपने मोटिवेशन स्कूल में डोनाल्ड ट्रंप को वक्ता के रूप में बुलाना ठीक रहेगा। इस विचार से प्रेरित होकर उन्होंने ट्रंप को अपने विद्यार्थियों के सामने बोलने के लिए 10,000 डॉलर देने का प्रस्ताव रखा, जो जेंकर के लिए पहला अनुभव था; क्योंकि उससे पहले उनके वक्ताओं ने कोई शुल्क नहीं लिया था। ट्रंप ने साफ मना कर दिया। एक सप्ताह बाद जेंकर ने उस प्रस्ताव को बढ़ाकर 25,000 डॉलर कर दिया। लेकिन इससे भी कुछ नहीं हुआ। अगले सप्ताह जेंकर ने उसे 1,00,000 डॉलर कर दिया। फिर भी ट्रंप पर कोई असर नहीं हुआ। फिर जेंकर ने अपने मन में सोचा कि वह कितना चाहते हैं कि ट्रंप भाषण दे। काफी सोच-विचार के बाद उन्होंने महसूस किया कि वह ट्रंप को बुलाने के लिए बहुत आतुर हैं—शायद उन्होंने अपने पूरे जीवन में इतनी शिद्‌दत से कुछ नहीं चाहा था। उसी पल ने जेंकर को जाग्रत् कर दिया। उन्होंने तत्काल फोन उठाया, अपनी साँस रोकी और ट्रंप को 10 लाख डॉलर का प्रस्ताव रखा, जो उनके शुरुआती प्रस्ताव से 100 गुना अधिक था। ट्रंप ने सोचने के लिए एक घंटा लिया और वापस फोन किया। वह इस शर्त पर तैयार हुए कि वह कम-से-कम 10,000 दर्शकों को संबोधित करेंगे। जेंकर मान गए और सौदा कर लिया। जब उन्होंने फोन रखा, फिर वह शौचालय गए और वहाँ वमन कर दिया। क्योंकि पहला, तब तक वह पूरे साल में लाभ के रूप में उतनी रकम कमाते थे और दूसरे, अपने 25 साल के लंबे कैरियर में उस समय तक जेंकर, जो अधिकतम उपस्थिति जुटा पाए थे, वह 700 थी। लेकिन उन्होंने खुद को शांत कर लिया। उन्होंने एक जोखिम लिया था और उसे कारगर बनाने के लिए प्रतिबद्ध थे। उन्होंने एक आक्रामक मार्केटिंग योजना बनाई और उस कार्यक्रम को 'वेल्थ एक्सपो' का नाम दिया, जिसमें डोनाल्ड ट्रंप प्रमुख वक्ता थे। उनकी प्रमोशन रणनीति लोगों को ट्रंप से मिलने के लिए प्रोत्साहित करने की थी, जो दुनिया के सफलतम लोगों में एक थे और उन्हें अमीर बनने के नुस्खे सीखने के लिए प्रोत्साहित करना था। उन्होंने जैसा जोखिम लिया था, उसी के अनुरूप उस कार्यक्रम में 10,000 नहीं, बल्कि 31,500 लोगों ने शिरकत की। परिणामस्वरूप डोनाल्ड ट्रंप को उनका शुल्क देना बहुत आसान हो गया। जेंकर ने बाद में कहा—"उस अनुभव ने किसी भी संदेह के परे यह साबित किया कि जब आप बड़ा सोचते हैं तो आपके साथ बड़ी चीजें होती हैं। मैंने बड़ा दाँव लगाया और जीता।" इसलिए जोखिम उठाएँ—चाहे उसका अर्थ आपकी कल्पना से 100 गुना अधिक निकालना हो। और अपने सपनों का जीवन जिएँ।

वास्तव में अपने स्वभाव से ही ब्रह्मांड अपनी किसी रचना को विफल नहीं होने देता। यदि आप ध्यान से देखें तो यह एक बड़ा आश्चर्य है—जब पृथ्वी उलटी होती है तब भी वह किसी को अंतरिक्ष में गिरने नहीं देती। वह सबकुछ को साथ में पकड़कर रखती है और गुरुत्वाकर्षण के नियम से उसे बाँधकर रखती है। गगनचुंबी इमारतें, क्रेन, चींटियाँ, पेड़, पहाड़, समुद्र, जिराफ, मनुष्य, भीड़—पृथ्वी किसी को गिरने नहीं देती। चाहे कोई विमान उड़ता है या ग्लाइडर हवा में तैरता है, वह जमीन पर वापस आता है। इसलिए जब ब्रह्मांड ध्यान में रखता है कि किसी चीज को नीचे गिरने नहीं देना है तो वह किसी को आर्थिक रूप से भी नीचे नहीं जाने देगा।

जोखिम उठाना न केवल आर्थिक क्षेत्र में, बल्कि जीवन के हर क्षेत्र में लाभदायक होता है। वह आपके व्यक्तित्व को खिला देता है और आपको संपूर्ण रूप में विकसित होने में मदद देता है। अगर आप जोखिम लेते हैं तो छोटे-मोटे स्रोतों की बजाय ईश्वर और ब्रह्मांड में अपना भरोसा दिखा रहे हैं। आप दुनिया को यह बताते हैं कि उसमें आपका भरोसा स्पष्ट और संपूर्ण है। निश्चित रूप से इस बात की संभावना है कि हमेशा उसका परिणाम फलदायक ही नहीं होगा। लेकिन फिर जिस तरह हम रात को दिन के साथ स्वीकार करते हैं, उसी तरह हमें लाभ के साथ छिटपुट नुकसान या दुर्घटना को भी स्वीकार करना चाहिए। यह सब पैकेज का हिस्सा है। इसलिए अपनी असुरक्षाओं को हवा में उड़ा दें, जोखिम उठाएँ और अपने सपनों को पाने की कोशिश करें—चाहें तो सितारों को छू लें, क्योंकि वे आपके हैं।

□

4

विस्तृत करें, संकुचित नहीं

शाहरुख खान ने एक बार कहा था—''मुझे सबसे अच्छी आर्थिक सलाह अपनी माँ से मिली—'अपने खर्चों को कम करने की बजाय अपनी आय बढ़ाओ'। वह सलाह जीवन भर मेरे काम आई।'' मैं सबसे कामयाब और संपन्न जिन लोगों को जानता हूँ, वे सब इस सिद्धांत का पालन करते हैं, चाहे जान-बूझकर या अनजाने में। वे ह्रास के नियम की बजाय वृद्धि के नियम का अनुसरण करते हैं। वे भौतिक रूप से या सिद्धांत रूप में जो भी करते हैं, उसमें एक अग्रगामी प्रगति होती है। एक बार किसी खर्च या लागत के सिद्ध होने पर वे उसे सहज रूप में लेते हैं और उन संभव रास्तों के बारे में सोचते हैं, जिससे वे अपने संसाधनों को बढ़ा सकते हैं।

'विस्तृत करें—संकुचित न करें' को जीवन में अपना मंत्र बनाएँ। यह सच है कि जब आपके खर्चे और व्यय अधिक हों तो आप अपनी कमाई और आय की क्षमता को विस्तृत करेंगे। खर्च ऊर्जा की तरह है; आप जितना उसे रिलीज करेंगे, आपके पास उतना ही अधिक होगा। आप अपनी क्षमताओं को अधिकतम करेंगे और अपनी प्रतिभाओं का बेहतरीन इस्तेमाल करेंगे। इसके विपरीत, जब आपका खर्च कुछ नहीं होता, उसका आम तौर पर अर्थ यह होता है कि या तो आपका खर्च उठाने के लिए आपके पास उदार दानी हों या आप अपने आपको कुछ अधिक सीमाओं में बाँध रहे हैं। अगर दूसरी बात सच है तो आप वास्तव में अपनी सारी क्षमताओं और प्रतिभाओं का इष्टतम उपयोग नहीं कर रहे। हमेशा याद रखें कि हम इस पृथ्वी पर जीवन को भव्यतम रूप में जीने के लिए आए हैं। इस दुनिया के

बारे में सबसे अच्छी चीज उसका लोकतांत्रिक तत्त्व है। सूर्य की रोशनी हर किसी के आनंद उठाने के लिए है। यही बात हवा, पानी, पहाड़ों, जंगलों, फूलों, सुगंध के बारे में है। ब्रह्मांड अपनी प्रचुरता मुक्त हस्त से बाँटता है। वह बस यह चाहता है कि हर कोई आगे की ओर बढ़े और अपना हिस्सा ले। यही नियम भौतिक दुनिया पर लागू होता है। संपत्ति और समृद्धि कुछ लोगों के लिए नहीं है या उस पर चुने हुए लोगों का एकाधिकार नहीं है। जो भी आगे कदम बढ़ाए और अपना दावा करे, यह उसी के लिए है। दूसरे शब्दों में—जो लोग कोशिश करते हैं या खुद को आगे की ओर खींचते हैं, उन्हीं को उस संपन्नता में हिस्सा मिलता है। इसलिए खुद को आगे खींचें और सबसे बड़े भौतिक सुखों को प्राप्त करें। और निश्चिंत रहें, आपने जितनी कल्पना की थी, आपके लिए उससे अधिक है।

□

5

सभी संभव स्रोतों का उपयोग कर लाभ उठाएँ

हमारी पिछली पीढ़ी 'ऋण' शब्द से ही बिफर उठती थी। उनके लिए वह दो वर्णों का एक गंदा शब्द था। वे 'दूसरों के खर्च पर मजे करने' की बजाय तंगहाली में रहना बेहतर समझते थे। और शायद वे सही थे। उन दिनों और उस युग की व्यवस्था की माँग थी किफायत—जरूरतें कम थीं, संसाधन सीमित थे तथा विकल्प और भी सीमित थे। लेकिन अब समय बिलकुल बदल गया है। आज मानव जाति ने भौतिक स्तर पर बहुत तरक्की की है और उत्पादों तथा सेवाओं की संख्या ही दिमाग को हिला देने वाली है। हालाँकि माध्यम विस्तृत हो गए हैं, वस्तुओं ने उनको पीछे छोड़ दिया है। 17 से भी कम वर्ष पहले, जब देश में 1 टी.वी. चैनल, 3 कार निर्माता और 0 लग्जरी बुटीक थे, से लेकर आज हमारा ध्यान आकृष्ट करते लगभग 300 चैनलों, 150 प्रकार की गाड़ियाँ बेचनेवाले 30 कार निर्माताओं और दुनिया के लगभग हर बड़े लग्जरी उत्पाद तक हम काफी दूर आ चुके हैं। बीस वर्ष पहले 1 प्रतिशत से भी कम लोग अपनी कार के लिए ऋण लेते थे। आज 1 प्रतिशत से भी कम लोग अपनी जेब से अपनी कार के लिए भुगतान करते हैं (चाहे वह मारुति हो या बेंटले)। यह सौदे के हिसाब से सही भी है। अगर आप 30 लाख रुपए की कार खरीदने की हैसियत भी रखते हैं तो आप उस पैसे को घटते मूल्य वाली परिसंपत्ति के लिए क्यों फँसाना चाहेंगे? इसकी बजाय यह अधिक लाभदायी है कि थोड़ा सा डाउन पेमेंट करके बाकी पैसे को कहीं और निवेश कर दिया जाए।

वर्ष 2007 में टाटा द्वारा कोरस स्टील की रोमांचकारी खरीद अपने लक्ष्य को पूरा करने के लिए किसी कंपनी द्वारा अपने आपको विस्तृत करने और सभी संभव स्रोतों का लाभ उठाने का एक आदर्श उदाहरण है। लोग अकसर रोते हैं कि उनके पास पर्याप्त पैसा नहीं है। टाटा भी कह सकते थे कि उनके पास अपने से तीन गुना आकारवाली कंपनी का अधिग्रहण करने के लिए पर्याप्त फंड का अभाव है। और यहाँ पर हम कुछ हजार, लाख या करोड़ की बात नहीं कर रहे—हम 54,000 करोड़ रुपए की बात कर रहे हैं! उन्होंने किस तरह अपने आपको विस्तृत किया और कॉरपोरेट जगत् में इतिहास बनाया, वह किसी के भी अनुसरण करने के लिए एक उल्लेखनीय उदाहरण है। उन्होंने अपनी पूरी ताकत झोंक दी और एक साहसी योजना बनाई—अधिग्रहण के लिए जितने पैसों की जरूरत थी, उसका 30 प्रतिशत उन्होंने अपनी जेब से दिया और शेष 70 प्रतिशत की व्यवस्था भारतीय और विदेशी बैंकों से ऋण लेकर की। भारतीय उपमहाद्वीप के इतिहास का सबसे साहसिक अंतरराष्ट्रीय कॉरपोरेट टेकओवर करते हुए उन्होंने साबित किया कि 'जहाँ चाह होती है वहाँ राह होती है'।

एक बार जब आप दुनिया के सामने कोई जरूरत रखते हैं, वह आपको लाभ उठाने के लिए बहुत से स्रोत उपलब्ध कराती है। बस एक खुला दृष्टिकोण रखें और पहला मौका मिलते ही उस पर टूट पड़ें। इस बात से कोई फर्क नहीं पड़ता कि आप क्या या कितना चाहते हैं। आप हमेशा अपेक्षित समाधान पा सकते हैं। यह उदाहरण इसे अच्छी तरह से स्पष्ट करता है। मेरे एक मित्र के पास एक मालिश करनेवाला था, जो अपने पुश्तैनी गाँव में जमीन का एक टुकड़ा खरीदना चाहता था। उसे इसके लिए 3 लाख रुपए की जरूरत थी। उसके पास अपनी कोई बचत नहीं थी और कोई बैंक या महाजन उसे कर्ज नहीं देता। उसने थोड़ा गणित लगाया और एक अनूठा आइडिया निकाला। वह 500 रुपए प्रति मालिश लेता था। वह अपने 15 नियमित ग्राहकों के पास गया, जिनमें से अधिकतर उसकी सेवाओं का लाभ महीने में तीन या चार बार उठाते थे। उसने हर किसी के सामने एक प्रस्ताव रखा कि यदि वे उसे 20,000 रुपए अग्रिम दे दें तो वह एक वर्ष में उन्हें 50 मसाज देगा (जबकि आम तौर पर उतने पैसे में उन्हें सिर्फ 40 मसाज मिलतीं)। वह एक बहुत अच्छा मालिशवाला था और उसके सभी ग्राहक उसे प्यार करते थे और उस पर काफी भरोसा भी रखते थे। वे सब तैयार हो गए और उसे पैसे दे दिए। एक सप्ताह से भी कम समय में उसने वह जमीन खरीद ली

और वह भी तब, जब उसके हाथ में एक भी पैसा नहीं था। इसी तरह अगर आप पर्याप्त मेहनती और लगनशील हैं तो अपने लक्ष्य के लिए सभी संसाधनों को एक साथ मिला सकते हैं, चाहे वह लक्ष्य छोटा हो या बड़ा। इसके बाद अचानक कहीं से उपयुक्त लोग निकलकर आएँगे और आपके सभी सपनों को पूरा करने में मदद करेंगे।

□

6

यह मेरी पहुँच के अंदर है

एक उदाहरण पर गौर करते हैं। अगर कोई श्वास संबंधी बीमारियों से पीड़ित है तो उसे किस चीज की सबसे अधिक जरूरत है? ताजा हवा, ठीक है न? क्या उसे दमघोंटू वातावरण में रहने और बासी हवा में साँस लेते रहने से मदद मिलेगी? उसे बाहर जाकर जितना हो सके उतनी ताजा हवा लेनी चाहिए और इस प्रक्रिया में अवांछित विषैले तत्त्वों को बाहर छोड़ देना चाहिए। इसी प्रकार, अगर कोई व्यक्ति आर्थिक रूप से कमजोर हो गया है, तो क्या उसे एक संकुचित मानसिकता रखने से मदद मिलेगी? इसकी बजाय उसे बड़ा सोचना चाहिए और "यह मेरी पहुँच के भीतर है" की मानसिकता अपनानी चाहिए।

किसी बड़ी या छोटी चीज के लिए सिर्फ यह भरोसा रखें कि वह जो भी है, आप उसे प्राप्त कर सकते हैं। चाहे वह कोई क्रूज अवकाश हो, कोई पेंटहाउस या मर्सिडीज, हो सकता है, आज आप उसे प्राप्त करने में समर्थ न हों, लेकिन अटूट विश्वास रखें कि एक दिन आप उसमें समर्थ होंगे। चाहे आप कोई चीज खरीदना चाहते हों या नहीं, यह बिलकुल अलग बात है; लेकिन कभी यह न कहें—"ओह, यह बहुत महँगा है" या "यह पहुँच से बाहर है"। ऐसा कहते हुए आप ब्रह्मांड को एक नकारात्मक संदेश देते हैं। इसकी बजाय बस यह कहें—'मैं सबकुछ खरीद सकता हूँ।" सिर्फ यह कहने से आप आत्मविश्वास से अभिभूत हो जाएँगे। सहज रूप से हर वस्तु के प्रति आपके दृष्टिकोण में एक महत्त्वपूर्ण बदलाव आएगा। चाहे आप स्वयं भोजन पकाएँ या नहीं, चाहे आप स्वयं गाड़ी चलाएँ या नहीं, यह जानकर आप सहज महसूस करते हैं कि आप वह कर सकते हैं। इसी तरह, चाहे

आप कुछ खरीदें या नहीं, यह जानकर आपको बहुत आत्म-विश्वास महसूस होगा कि आप वह चीज खरीद सकते हैं। चाहे वह 5 कैरेट की हीरे की अँगूठी हो या अरमानी सूट, जो आपको पसंद आया हो! आप क्या चाहते हैं और आपके विचार में आप क्या खरीद सकते हैं, के बीच उलझने की बजाय बस खुद से कहें कि वह आपके लिए ही है। ओलंपिक चैंपियनों से लेकर बड़े उद्योगपतियों और राजनीतिज्ञों तक, जो लोग वास्तव में बड़ी जीत हासिल करते हैं, वे ऐसे लोग होते हैं, जो मानते हैं कि वे ऐसा कर सकते हैं। उन्हें पक्का भरोसा होता है कि वे जो भी चाहें, उसे पा सकते हैं। लेकिन यदि आप उन्हें निरपेक्ष रूप में देखें तो वे भी कभी सामान्य लोग थे। जो चीज उन्हें वर्तमान स्थिति तक लेकर आई, वह यह विश्वास है कि उनके सपने उनकी पहुँच के भीतर हैं।

जैसा कि 'बाइबिल' में कहा गया है—"अपने तंबू को बड़ा करें। अपने घर के परदे बड़े करें। अपनी तारें लंबी करें और दाँव को मजबूत करें, क्योंकि जल्द ही आप सीमा-रेखा पर होंगे!" इसलिए अगर आप महसूस करें तो ग्रंथ भी आपसे यही बात कहेंगे। वे आपसे कहेंगे कि ईश्वर भी चाहता है कि आप एक अबाधित और असीमित बढ़िया जीवन जिएँ। बस यह संदेश ग्रहण करें और हर चीज के लिए कहें—"यह मेरी पहुँच के भीतर है।"

□

7

जितना अधिक बाँटोगे, उतना अधिक वापिस मिलेगा

एनी मोरो लिंडबर्ग ने एक बार कहा, ''हम जितना अधिक देते हैं, हमारे पास देने के लिए उतना ही अधिक आ जाता है—जैसे स्तनों में दूध!'' साथ ही एक पुरानी कहावत है—'पैसा ही पैसे को खींचता है।' यह एक अच्छी वित्तीय सलाह है। कल्पना कीजिए कि अगर आपको सिर्फ खाना और आराम करना होता और उसे निकालना न होता तो कैसे होता? हम फूल जाते और हमारा स्वास्थ्य खराब हो जाता। इसी तरह अगर कोई सिर्फ पैसे अर्जित करे और खर्च न करे तो वह एक अवांछित आधिक्य एकत्रित कर पाएगा। इसलिए धन सृजन के लिए खर्च करना भी उतना ही महत्त्वपूर्ण है जितना अर्जित करना—यह पैसे का सरल नियम है, जिसे हम सबको समझना चाहिए। यह सिद्धांत खर्च पर भी लागू होता है और दान पर भी।

इस पर विचार करें—लक्ष्मी निवास मित्तल ने जून 2004 में अपनी बेटी वनीशा के विवाह पर आलीशान (लगभग पूरी दुनिया के मानकों से) 250 करोड़ रुपए खर्च किए। अब अगर हम एक औसत व्यक्ति के अर्थशास्त्र की समझ से बात करें तो उनकी संपत्ति में उतनी राशि कम होनी चाहिए। लेकिन 'फोर्ब्स' के आँकड़ों के अनुसार, उनकी संपत्ति, जो वर्ष 2004 के आरंभ में और विवाह से पहले 6.2 अरब डॉलर थी, वर्ष के अंत तक और विवाह के पश्चात् चार गुना बढ़कर 25 अरब डॉलर हो गई। वह दुनिया के बासठवें अमीर व्यक्ति से छलाँग लगाकर दुनिया के

तीसरे सबसे अमीर व्यक्ति बन गए। और इस बीच उन्होंने मध्य लंदन में 560 करोड़ रुपए में उस समय दुनिया का सबसे महँगा घर खरीदा। ऐसा लगता है कि उन्होंने जितना अधिक खर्च किया, उनकी संपत्ति में उतनी ही वृद्धि हुई। यह लोगों के अर्थशास्त्र के सिद्धांत को नकार देता है; लेकिन यही सच है। आप जितना अधिक पैसा फेंकेंगे उतना ही पाएँगे—यह इतना ही सरल है।

धन के प्रवाह का तंत्र सबसे अधिक प्रभावी रूप से परोपकार पर लागू होता है। यह सिर्फ संयोग नहीं है कि दुनिया के सबसे अमीर लोग सबसे बड़े दानी भी हैं और उनकी संपत्ति में वृद्धि कभी कम नहीं होती। अपनी पुस्तक 'स्टार्ट लेट, फिनिश रिच' में डेविड बेक ने कहा, "इतने वर्षों में मैंने बहुत सारा समय अमीरों और बहुत अमीरों का अध्ययन करने में बिताया। मैंने जितना अध्ययन किया, उतना ही मुझे विश्वास हुआ कि अकूत संपत्ति प्राप्त करनेवाले अधिकतर लोगों में कम-से-कम एक चीज समान होती है—दान।" जिस व्यक्ति को 'फोर्ब्स' पत्रिका ने इतिहास का अब तक का सबसे अमीर व्यक्ति माना है, जॉन डी. रॉकफेलर, वह अब तक के सबसे महान् धर्मार्थियों में थे। अपनी पहली कमाई से ही उन्होंने अपनी कमाई का 10 प्रतिशत अपने चर्च को दिया। जैसे-जैसे उनकी संपत्ति बढ़ी, उनका दान भी बढ़ा, जो मुख्य रूप से शैक्षिक और मानवीय हितों के लिए था। बिल गेट्स ने दुनिया का सबसे अमीर व्यक्ति बनने के बाद माइक्रोसॉफ्ट से सक्रिय संन्यास ले लिया और दुनिया का सबसे बड़ा धर्मार्थ फाउंडेशन बनाया, जबकि इस प्रक्रिया में उनकी व्यक्तिगत संपत्ति दिन दूनी-रात चौगुनी बढ़ती रही। बिल एंड मेलिंडा गेट्स फाउंडेशन को 31 अरब डॉलर की भारी-भरकम राशि देने का वादा करने के लगभग एक वर्ष बाद वारेन बफेट दुनिया के सबसे अमीर व्यक्ति बन गए। सर जॉन टेंपलटन, जिन्हें अब तक के सबसे बड़े निवेशकों में एक माना जाता है, से एक बार उनकी अकूत संपत्ति का राज पूछा गया। उन्होंने जवाब दिया—"अपने पूरे जीवन में मैंने बस एक सरल सिद्धांत का पालन किया है—अधिक दो और उतना ही अधिक आपके पास लौटकर आएगा।"

विंस्टन चर्चिल ने एक बार कहा, "हम जो अर्जित करते हैं, उससे जीविका चलती है और जो हम देते हैं, उससे जीवन बनता है।" यह एक छोटी सी बात है, जो गणित के सिद्धांतों के कुछ विपरीत है। लेकिन आप जीवन में जितना अधिक देते हैं, अपनी संपत्ति को उतना ही बढ़ते देखेंगे। जिनके पास अधिक होता है, वे हमेशा अधिक देते हैं। जैसी कि कहावत है—'जो कंजूसी से बोता है, वह कंजूसी

से ही काटेगा और जो उदारता से बोता है, वह उदारता से ही काटेगा।' आप जितने अधिक उदार हैं, पैसा उतना ही आपकी ओर भागेगा। और ऐसा नहीं है कि 'अमीर लोग दान देते हैं, बल्कि अकसर यह होता है कि "दान देनेवाले लोग अमीर बनते हैं।" दिल्ली के भव्य सेलेक्ट सिटीवॉक मॉल के मालिक अर्जुन शर्मा ने एक बार मुझे संपत्ति पर अपने विचार बाँटे—"मैं मानता हूँ कि पैसा संपत्ति का एक बहुत छोटा हिस्सा है। मुझे बहुत गौरव महसूस होता है कि मैं अपनी संपत्ति दूसरों के साथ बाँट सकता हूँ। असल में, मैं जितना देता हूँ, ब्रह्मांड मुझे उतना ही अधिक वापस देता है।" इसमें कोई हैरत की बात नहीं कि ब्रह्मांड ने उन्हें भारत का बेहतरीन हाई-स्ट्रीट शॉपिंग मॉल दिया।

दान के सिद्धांत से मेरा सामना कई वर्ष पहले तब हुआ जब अचानक मैंने लिंडा गुडमैन की बेस्ट सेलिंग किताब 'स्टार साइंस' पढ़ी। इस सिद्धांत को 'मनी मिस्टिक' कहते हुए उन्होंने लिखा—"मनी मिस्टिक का रहस्य यह है कि पैसे की हरी ऊर्जा एक चुंबकीय घेरे में विचरण करती है। उसे जाने दें और वह शुद्ध तथा शक्तिशाली ऊर्जा के उस अदृश्य घेरे का अनुसरण करती हुए कई गुना बढ़कर आपके पास लौटती है। वह अपने गोल पथ पर आपसे बाहर की ओर प्रवाहित होती है और आपकी ओर वापस आती है।" जब आप महसूस करते हैं कि आप उन बंधनों से आजाद हैं, जो आपको पैसे नामक हरे पत्ते की ओर खींचते हैं तो आपके अंदर एक अदम्य उत्साह भर जाता है—जब आप अंततः मान लेते हैं कि उसे पाने का सबसे तेज और निश्चित तरीका उसे दे देना है। यह आजादी है।"

सूज ओरमैन अपनी किताब 'ट्वेल्व स्टेप्स टू वेल्थ' में दान को संपत्ति-सृजन का आखिरी कदम मानती हैं और एक व्यावहारिक अंतर्दृष्टि देती हैं—"अपने दिलों और हाथों को खुला रखने का एक तरीका नियमित रूप से पैसे को दान करना है। किसी को कितना देना चाहिए? मेरे खयाल से एक सम्मानजनक राशि! जो गंभीर रूप से क्रेडिट कार्ड के कर्ज में डूबा हुआ है, उसके लिए वह राशि 5 डॉलर हो सकती है; दूसरों के लिए वह अधिक हो सकती है। सिर्फ आप उस प्रश्न का उत्तर दे सकते हैं। आप मासिक आधार पर किसे दान करते हैं? किसी गैर-लाभकारी संगठन को या उपासना-स्थल को चुनें—या आप अपने माता-पिता को दे सकते हैं, यदि वे जरूरतमंद हैं। आप दान के लिए देते हैं। जब आप किसी को देते हैं तो उदार महसूस करते हैं और जब आप उदार महसूस करते हैं तो ताकतवर महसूस करते हैं। हर महीने की शुरुआत में आप पहला चेक इसीलिए लिखें या पहली राशि इसीलिए

खर्च करें—इस प्रकार हर महीने की आप उदारता और खुलेपन से शुरुआत करते हैं, जो वास्तव में एक संपन्न व्यक्ति का व्यवहार होता है।''

देना और लेना हमारी साँस की लय की तरह स्वाभाविक होता है—अंदर और बाहर, बार-बार यही क्रम। दुनिया की सभी प्रमुख परंपराओं में देना एक अभिन्न अवधारणा है—हिंदू धर्म में दान, ईसाई धर्म में टाइदिंग, यहूदी धर्म में जदाका, सिख धर्म में सेवा और इसलाम में ज़कात। जैसा कि असीसी के सेंट फ्रांसिस ने कहा—''हम देने में ही प्राप्त करते हैं।'' हम ब्रह्मांड को बताते हैं कि धन सिर्फ ऊर्जा है और हम सिर्फ उस ऊर्जा के माध्यम हैं। इसलिए हम उसे जितना छोड़ते हैं, उतना ही हमें मिलता है—संपत्ति बनाना इतना ही सरल है।

□

अध्याय पाँच

मानवीय

"जीवन पर हमारा कोई कर्ज नहीं है, हम उसके कर्जदार हैं। असली खुशी किसी उद्देश्य के लिए अपने आपको लुटा देने से आती है।"

–जॉन मेसन ब्राउन

1

अधिकाधिक खुशियों की रोशनी घर लाएँ

परिवार मानव सभ्यता का आधार है। हममें से अधिकतर लोग अपने परिवार के लिए जीते हैं और उसके लिए कुछ भी कर सकते हैं। अगर आप आस-पास देखें तो पाएँगे कि अधिकतर लोग तब अधिक मेहनत करते हैं, जब उनके पास पालन-पोषण के लिए एक परिवार होता है। अगर आप उनसे पूछें कि वे किस एक चीज के लिए अपना जी-जान लगा सकते हैं, तो उनका जवाब एक ही होगा—'अपने परिवार के लिए।' हमारा परिवार हमारा सबसे बड़ा सहारा है। वे हमें इस दुनिया में लाए और उसे हमारे लिए जीने लायक बनाया। हमारे माता-पिता ने हमें खाना, मुसकराना, प्यार करना, हँसना, गाना और देना सिखाया; हमारे भाई-बहन हमारे पहले मित्र थे और हमारे बच्चे हमारे घर में ईश्वर के दूत हैं, जो हमें ईश्वर के और करीब लाते हैं। इसलिए यह महत्त्वपूर्ण है कि आप अपने परिवार को अपना पूरा प्यार, ध्यान और अंतरंगता दें।

एक शानदार कहावत है—"हर दिन घर में थोड़ी धूप लाएँ।" इसका अर्थ यह है कि चाहे जीवन की राह कितनी भी कठिन हो, आपको हमेशा अपने परिवार के सामने सकारात्मक रहना चाहिए। अगर आप एक बढ़िया जीवन जी रहे हैं और सकारात्मक दृष्टिकोण रखते हैं तो आपके परिवार के लोग भी आपका अनुकरण करेंगे—जिस तरह किसी टीम का एक सदस्य अपना स्तर ऊपर उठाता है तो पूरी टीम का मनोबल बढ़ जाता है और सामूहिक स्तर बढ़ता है। अधिकतर बच्चे अपने माता-पिता का उदाहरण अपनाते हैं। हमेशा यह याद रखना चाहिए कि हम अभी

जो बना रहे हैं, वह हमारे बच्चों और आनेवाली पीढ़ी पर स्पष्ट प्रभाव डालेगा। जब आप महसूस करेंगे कि आपकी कामयाबी आपसे परे आपके बच्चों, उनके बच्चों, उनकी आनेवाली पीढ़ियों तक जाती है तो अपने आप सारी चीजें स्पष्ट हो जाएँगी।

चलिए, हर अच्छा काम पहले और सबसे पहले अपने घर से शुरू करें। जैसा कि किसी ने कहा है—"जो हिस्सा स्रोत के ठीक बगल में होता है, वह सबसे अधिक रोशन होता है।" इसी तरह हमारी सफलता से उन लोगों के प्रभावित होने की संभावना सबसे अधिक होती है, जो हमसे करीब होते हैं—हमारे प्रियजन! हमें उनके लिए अपना बेहतरीन प्रदर्शन करना चाहिए।

अपने प्रियजनों के कल्याण और विकास के लिए मेहनत से काम करना हमारा पवित्र कर्तव्य है। उन्हें सरप्राइज देना या उपहार देना (हम जिस क्षमता में दे सकते हैं, चाहे वे कपड़े हों, फूल, चॉकलेट, कार्ड, खिलौने आदि), उन्हें फिल्में, पिकनिक आदि के लिए बाहर ले जाना उनके लिए हितकर होगा। साथ ही, उन्हें कड़वाहट और रोष से जितना हो सके दूर रखने का संकल्प लें। यहाँ तक कि दुनिया के सबसे व्यस्त और सबसे कामयाब लोगों का एक सामान्य नियम है—वे शायद ही अपना काम घर लाते हैं। दूसरे शब्दों में—वे अपने कार्यस्थल का तनाव घर पर नहीं लाते। वैसे हालाँकि आपकी कुंठा या कार्य संबंधी तनाव का प्रभाव किसी पर भी नहीं पड़ना चाहिए, लेकिन आपके परिवार पर तो कतई नहीं। उन्हें अपनी सबसे अच्छी छवि दिखाएँ और वे सारी खुशियाँ दें, जो आप एकत्रित कर सकते हैं। वास्तव में आपको खुद सूर्य की तरह बनना चाहिए, जो हममें से हर किसी को जीवन और प्रेरणा देता है। कल्पना कीजिए, अगर पूरे ब्रह्मांड में एक सूर्य संसार को इतना खूबसूरत बना सकता है तो दुनिया कितनी खूबसूरत होगी, अगर हर घर में एक सूर्य हो। संभावना है—हमें बस उसका लाभ उठाना है।

□

2

मदद का हाथ बढ़ाएँ

लियो टॉल्सटाय ने एक बार कहा—''जीवन का एकमात्र उद्देश्य मानवता की सेवा करना है।'' मानव सभ्यता की खूबसूरती यह है कि हममें से हर कोई एक अलग व्यक्तित्व हो सकता है, फिर भी हमें सह-अस्तित्व और विकास के लिए दूसरों की जरूरत पड़ती है। चाहे कहें कि आप दूसरों से कोई मदद नहीं चाहते, लेकिन आप अपने दैनिक कामों के अलावा अपने दम पर बहुत कुछ नहीं कर सकते। चाहे आप लगातार घर में ही रहें, लेकिन आपको पंखा या रोशनी के लिए बिजली की जरूरत होगी, जो दूसरे मनुष्यों द्वारा चलाई जा रही पावर कंपनी द्वारा उत्पन्न और आपूर्ति की जा रही है, या चाहे आप योगियों की तरह दीये की रोशनी में रह लें, फिर भी आपको उसे जलाने के लिए तेल की जरूरत पड़ेगी (जिसकी किसी और द्वारा आपूर्ति की जाती है)। लिखने के लिए आपको कागज और कलम की जरूरत पड़ेगी (जो दूसरों द्वारा निर्मित और आपूर्ति की जाती है)। तकनीकी रूप से अगर आप सूक्ष्म स्तर पर देखें कि आपको लगेगा कि आज की दुनिया में दूसरों के सहयोग के बिना कुछ भी नहीं किया जा सकता। चाहे आपको यह महसूस न हो, लेकिन यह एक अकाट्य सत्य है कि हमें अपने जीवन में दूसरों की जरूरत होती है। इसलिए जिस प्रकार आपको अपने दैनिक जीवन के व्यवहार में दूसरों की मदद की जरूरत पड़ती है, उन्हें भी आपकी जरूरत होती है।

आप यथासंभव उदारता से उनकी मदद करें, क्योंकि यह ब्रह्मांड एक बूमरैंग है। जो बाहर जाता है, वह हमारे पास लौटकर आता है। दूसरों की मदद करते

हुए हम ब्रह्मांड को एक सकारात्मक संदेश भेजते हैं और वह हमारे पास सही लोगों को भेजते हुए प्रतिक्रिया करता है। वे अकस्मात् आते हैं और हमें तथा हमारी योजनाओं को सफलता की ओर ले जाते हैं। एक मंच पर अदाकारों की तरह लोग सबसे अनुकूल समय पर प्रवेश करते हैं, क्योंकि हमने पहले ही दूसरों की मदद करते हुए एक अच्छी गति निर्धारित कर दी होती है।

माइकल केन ने अपनी पुस्तक 'एक्टिंग इन फिल्म' की भूमिका में खूबसूरत पंक्तियाँ लिखी थीं—"मेरे इस पुस्तक को लिखने की एक वजह है। बहुत से अभिनेता हैं, जो मेरे जितना या मुझसे अधिक जानते हैं। लेकिन इस व्यवसाय का एक हिस्सा व्यवसाय से कहीं अधिक महत्त्वपूर्ण है—वह एक समुदाय है। एक समुदाय वह होता है, जहाँ लोग एक-दूसरे के साथ अपने अनुभव बाँटते हैं। आज मैं जो भी जानता हूँ, वह उस अनुभव का परिणाम है जो सफल अभिनेताओं ने मेरे साथ बाँटा है। मैं बस इस मशाल को आगे बढ़ा रहा हूँ।" दूसरों की मदद करने का कितना अद्‍भुत तर्क है। जैसा कि श्री श्री रविशंकर ने कहा है—"मानव जीवन एक महान् और दुर्लभ उपहार है और इस धरती के सभी लोगों को अपने जीवन के द्वारा अपनी मानवीयता की पूर्ण क्षमता प्रदर्शित करने का मौका मिलना चाहिए।" हम इस महत्त्वपूर्ण कार्य को तभी पूरा कर सकते हैं, यदि हम दूसरों की मदद करें। दूसरों की मदद करते हुए वास्तव में हम अपनी ही मदद करते हैं। किसी ने बहुत ठीक कहा है—"मैं एक दोस्त ढूँढ़ने गया, लेकिन वहाँ किसी को नहीं पाया। मैं दोस्त बनने गया और पाया कि वहाँ कई दोस्त थे।"

इस सरल अभ्यास को करते हुए देखें कि दूसरे लोग हमारे जीवन में कितने महत्त्वपूर्ण हैं। कल्पना में अपने आपको अकेले किसी द्वीप पर देखें। कल्पना करें कि आपके पास वहाँ सबकुछ है—भोजन, पानी, ताजा हवा और शांत वातावरण, बल्कि सबसे खूबसूरत दृश्यावली, लेकिन कोई मनुष्य नहीं है। आपके विचार में इस स्थिति से आप वहाँ पर कितने लंबे समय तक टिक पाएँगे? एक दिन, एक सप्ताह, एक महीना, तीन महीने! उसके बाद आप निश्चित रूप से बेचैन होने लगेंगे। मैंने एक बार नेशनल ज्योग्राफिक पर एक डॉक्यूमेंट्री देखी। एक पति-पत्नी सत्रह वर्षों से अपने बच्चों के साथ एक सुदूर वीराने में रह रहे थे, जिसके 400 किलोमीटर दूर तक सभ्यता के कोई चिह्न नहीं थे। उस व्यक्ति ने कहा, "अगर मेरे परिवार को कुछ हो जाता है तो मैं अगले ही दिन समाज

में वापस चला जाऊँगा।'' सोचिए कि यह बयान एक विचित्र जीवन बिता रहे व्यक्ति का था। इसलिए चाहे आप योगी हों, आपको मनुष्यों की जरूरत है। और चूँकि आपको ऐसी जरूरत है, तो क्यों न यह सुनिश्चित करें कि दूसरे मनुष्य भी आपकी उपस्थिति से अभिभूत हों।

□

3

सम्मान देने से सम्मान मिलता है

मूलभूत रूप से हर मनुष्य अपने आपको महत्त्वपूर्ण महसूस करना चाहता है। चाहे हम जो भी करते हों या जहाँ से भी आए हों, हमारे अंदर सबसे तीव्र इच्छा सम्मान पाने की होती है। सम्मान एक आधारभूत मानवीय आवश्यकता है। अधिकतर लोग दूसरों का महत्त्व नहीं समझते और उन्हें अपने जीवन में सिर्फ कठपुतलीयाँ समझते हैं। लेकिन हममें से अच्छे लोग बाकी लोगों के लिए संवेदनशीलता और सम्मान दिखाते हैं। किसी ने ठीक ही कहा है—''किसी व्यक्ति की सही पहचान यह है कि वह अपने अधीनस्थों से कैसा व्यवहार करता है।'' इतिहास के सबसे अच्छे शासक और राजनेता वे हैं, जिन्होंने अपने अधीनों और अनुयायियों से भय की बजाय सद्भावना बटोरी है। मैंने महसूस किया कि दूसरों को मूलभूत सम्मान देना और शिष्टाचार निभाना—किसी भी काम को संपन्न करना अधिक आसान बना देता है। अशिष्ट और असभ्य होना बहुत आसान है। लेकिन दूसरों के प्रति शिष्टता और सम्मान दिखाने के लिए चरित्र की मजबूती बहुत आवश्यक है। मैं दावा कर सकता हूँ कि आम तौर पर मुझे सबसे अधिक सहयोग तब मिला है, जब मैंने किसी को 'सर' या 'मैडम' कहकर बुलाया है और काफी विनम्रता से बात की है। इसके विपरीत, सबसे कठिन समय तब रहा है जब मैंने रूखेपन से या अक्खड़ होकर बात की है या किसी से गलत तरीके से पेश आया हूँ। दूसरों को महत्त्व देने से उन्हें दिल की गहराई से खुशी और संतुष्टि मिलती है। आप जितना अधिक सम्मान दरशाएँगे, उतना ही सम्मान आपको मिलेगा और आप दूसरों को जितना महत्त्वपूर्ण महसूस कराएँगे, आपको खुद उतना ही अच्छा महसूस होगा।

जैसा कि उनका कहना है—"दूसरों से वैसा ही व्यवहार करें जैसा आप उनसे अपने लिए चाहते हैं।" अगली बार जब आपको दूसरों पर खीझने का मन हो तो बस यह दिमाग में रखें—उनकी जगह पर खुद को रखें और महसूस करें कि आपके द्वारा अशिष्टता किए जाने पर उन्हें कैसा महसूस होगा!

असल में दूसरों का सम्मान करने से पहले उसकी आयु नहीं देखनी चाहिए। अगर आप बच्चों की बात धैर्यपूर्वक सुनें और उन्हें यह बताएँ कि उनके मत कितने महत्त्वपूर्ण हैं तो आप उन्हें दरशा सकते हैं कि आप उनकी इज्जत करते हैं। इसी तरह आप बड़ों की सलाह को सम्मान देते हुए और उनकी राय लेते हुए उन्हें सम्मान दे सकते हैं। आप अपने साथियों और सहकर्मियों को अपने काम में सहयोग देने के लिए प्रोत्साहित करते हुए और उनकी उपलब्धियों की सराहना करते हुए सम्मान दे सकते हैं। बहुत से लोग आम तौर पर घर से बाहर सम्मान और सहमति जताते हैं। वे काफी शिष्ट दिखते हैं। लेकिन घर के अंदर प्रवेश करते ही वे बदल जाते हैं, चाहे मानसिक रूप से या शारीरिक रूप से। उनके ताने और शब्द किसी को जलाने के लिए काफी होते हैं। हमें यह समझना होगा कि सबसे मजबूत आधार हमारा घर है और सबसे स्थायी रिश्ता अपने जीवनसाथी के साथ हमारा संबंध है। किसी ने कहा है—"अपने जीवनसाथी का तिरस्कार करना ईश्वर का तिरस्कार करना है।" इसलिए आपको सबसे पहले अपने जीवनसाथी की बात सुनते हुए और उसकी उपस्थिति को महत्त्वपूर्ण मानते हुए उसे सम्मान देना चाहिए।

सिर्फ सम्मान देते हुए ही आप सम्मान पा सकते हैं और जैसा कि मेरा अनुभव कहता है, इस दुनिया में कोई व्यक्ति ऐसा नहीं है जो सम्मान नहीं पाना चाहता। सम्मान देने का अर्थ छद्म विनम्रता नहीं है। इसकी बजाय सच्चा सम्मान दें। सम्मान प्रदर्शित करने में कुछ नहीं लगता—बस एक हार्दिक भाव, अभिवादन या शब्द पर्याप्त होता है। वास्तव में, अधिकतर लोग अपने कार्यों से नहीं, बल्कि अपने शब्दों के द्वारा असम्मान दिखाते हैं। अपने शब्दों को विवेकपूर्वक चुनें और उसमें मानवता के लिए एक सच्चा अहसास रखें, आप देखेंगे कि किस तरह लोग हर चीज में आपकी मदद करने के लिए अपनी सीमा से बाहर जाकर काम करते हैं।

□

4

अपना अधिक-से-अधिक दें

मैंने देखा है कि हममें से जो लोग अपना अधिक-से-अधिक देते हैं, वे मानवता को सबसे अधिक लाभ पहुँचाते हैं। मैं फिर व्यक्तिगत अनुभव का एक उदाहरण देना चाहूँगा। मैं नि:शुल्क अंक-ज्योतिष परामर्श देता हूँ, जिसका उद्‍देश्य बस दूसरों की मदद करना होता है। अंतिम संख्या तक मैं कम-से-कम 15,000 लोगों के लिए यह कर चुका हूँ और इसके लिए मैंने कभी एक पैसा नहीं लिया। मेरा कहना यह रहा है और हमेशा रहेगा कि यदि ईश्वर ने आपको एक ऐसा उपहार दिया है, जिससे आप दूसरों की मदद कर सकते हैं तो उसका लाभ दूसरों को न देना आध्यात्मिक दृष्टि से उचित नहीं होगा। और मैं इस बात की पुष्टि करता हूँ कि मैं दूसरों की जितनी मदद करता हूँ (या कम-से-कम करने की कोशिश करता हूँ), मेरे जीवन में उतनी ही समृद्धि आती है। अगर मैं इसे मौद्रिक अर्थों में समझाऊँ तो कहूँगा कि अगर मैंने किसी की 10 रुपए के बराबर मदद की है तो मुझे हमेशा 100 रुपए वापस मिले हैं, वह भी दुगुनी तेजी से। यह कोई अतिशयोक्ति नहीं है।

जब दूसरों की मदद करने की बात आती है तो अपने साथ एक समझौता करें कि आप अपने आपको रोकेंगे नहीं तथा आप अपने आपको यथासंभव विस्तृत करेंगे। एक बार मैंने एक ग्रीटिंग कार्ड पर यह खूबसूरत संदेश देखा—"अपना अधिक-से-अधिक दें। एक तरीके से देने में अपने आपको ऊपर तक लबालब भर दें—उस स्थिति तक, जहाँ आप छलकने लगें। वास्तव में आप अपना जितना अधिक देंगे, आपको अपने लिए उतना ही अधिक मिलेगा।"

आज अधिकतर लोग अप्रसन्न हैं, इसलिए नहीं कि उनके पास पर्याप्त नहीं

है, बल्कि इसलिए, क्योंकि वे पर्याप्त नहीं देते। दादा वासवानी ने कहा है—''हम समाज के लिए जिस मात्रा में कुछ करते हैं, वह हमें खुशी देता है।'' खुश होने के लिए आपको पहले दूसरों को खुश करना होगा। केवल अपने संसाधन नहीं, बल्कि अपना समय और ऊर्जा भी दें। यह एक चहुँमुखी स्तर पर आपके विकास में योगदान करेगा। जब आप देते हैं, ब्रह्मांड की सबसे उदात्त तरंगों से संगत होते हैं और एक ऊँचे स्तर पर दूसरों को प्रेरित करते हैं। एक पुरानी कहानी इस बिंदु को स्पष्ट करती है। यह अकेले पहाड़ों की यात्रा करनेवाली एक महिला की कहानी है। एक दिन उसे एक झरने में एक बहुमूल्य पत्थर मिला और उसने वह पत्थर अपने झोले में रख लिया। बाद में उसे एक ऐसा व्यक्ति मिला, जो भूखा था। जब उस महिला ने अपना भोजन उसके साथ बाँटने के लिए अपना थैला खोला तो उस व्यक्ति की नजर उस पत्थर पर पड़ी। उसे लगा कि वह पत्थर इतना मूल्यवान् है कि उसे बेचकर उसकी पूरी जिंदगी आराम से कट सकती है, इसलिए उसने वह पत्थर महिला से माँगा। उसने तुरंत वह पत्थर दे दिया और वह व्यक्ति अपनी किस्मत पर मुसकराता हुआ चला गया। लेकिन कुछ दिनों बाद वह पत्थर हाथ में लिये उस महिला के पास वापस गया और कहा—''देवी, इस बहुमूल्य रत्न के उपहार के लिए धन्यवाद—यह वास्तव में बहुत कीमती है। लेकिन मैं इस उम्मीद में यह आपको लौटा रहा हूँ कि आप मुझे इससे भी बड़ा उपहार दें। कृपया मुझे वह दें, जो आपके अंदर है, जिसने आपको यह पत्थर मुझे देने के लिए कहा।' इसलिए जब आप अपने आपको देते हैं तो आप जिस भावना से सेवा करते हैं, वह अपने आप में सबसे बड़ी वस्तु है, जो सामनेवाला प्राप्त कर सकता है और उसका लाभ उठा सकता है। देते समय आप ग्रहण करने की इच्छा से नहीं, बल्कि परोपकार की शक्ति से प्रेरित होते हैं, एक ऐसी शक्ति, जो सबसे अधिक फ्रीक्वेंसी में काम करती है।

देने के विषय में मैंने एक और चीज पर ध्यान दिया है—जो लोग सबसे अधिक देते हैं, वे उसे चुपचाप बिना किसी शोरगुल या हलचल के देते हैं। वे गोपनीय ढंग से और किसी कठिनाई के बिना देते हैं। प्रकृति की ओर देखें—क्या कोई फूल अपनी सुगंध फैलाते समय शोर करता है? क्या कोई पेड़ अपनी छाया किसी को देने से पहले घोषणा करता है? क्या कोई नदी क्रोधित होती है, यदि कोई उसके तट पर पानी पीता है? क्या प्रकृति कुछ ही लोगों के लिए अपने मौसम बदल देती है और दूसरों को अपने विशेषाधिकार से बाहर कर देती है? क्या चंद्रमा हर

किसी के लिए अपनी रोशनी बराबर नहीं देता? क्या सूर्य हर किसी के लिए समान नहीं चमकता? क्या गाय अपना दूध हर किसी को नहीं देती? इसलिए अपने जीवन से दुविधा दूर करें और खुशी-खुशी अपने आपको समर्पित कर दें। आपका पूरा व्यक्तित्व फलेगा-फूलेगा; दूसरे आपकी ओर इस तरह खिंचे चले आएँगे जैसे मधुमक्खियाँ शहद की ओर। अपने आपको समर्पित कर देना आपके व्यक्तित्व के द्वार खोल देगा, जिसके बारे में अब तक आपको पता नहीं था। यह आपको वे दृश्य दिखाएगा, जिसकी आपने कभी कल्पना भी नहीं की होगी। अपने आपको समर्पित कर देना, आपको अपनी सच्ची पहचान के अधिक करीब लाएगा, जो अकसर छिपी हुई रहती है। इसलिए मुक्त हस्त से दें और मुक्त-रूप से जीवन जिएँ।

□

5

खुद को पसंदीदा बनाने से पहले दूसरों को पसंद करें

हममें से अधिकतर लोग, बल्कि सभी लोग, सराहना पसंद करते हैं। दूसरों द्वारा पसंद किया जाना एक सार्वभौमिक जरूरत है। प्रसिद्ध, सम्मानित और कामयाब होने की इच्छा बस उसी के विभिन्न रूप हैं। इसलिए जब कोई यह कहता है कि वह विख्यात होना चाहता है तो उसका यह अर्थ होता है कि वह पसंद किया जाना चाहता है। संयोगवश सबसे प्रसन्न लोग भी सबसे अधिक पसंद किए जानेवाले लोग होते हैं। साथ ही जिन्हें सबसे अधिक पसंद किया जाता है, वे खुश रहते हैं।

हालाँकि हर कोई चाहता है कि उसे पसंद किया जाए, कितने लोग वास्तव में दूसरों को पसंद करना चाहते हैं? अगर आप ध्यान से देखें तो अधिकतर लोग लगातार दूसरों की आलोचना करते रहते हैं या उनमें गलतियाँ ढूँढ़ते रहते हैं। हालाँकि यह सच है कि कुछ लोगों की आदतें बहुत खिझानेवाली होती हैं; लेकिन यह भी सच है कि उन्हीं लोगों में सकारात्मक गुण भी होते हैं। यिन और यैंग, रात और दिन, सकारात्मक और नकारात्मक, हेड और टेल—दोनों एक साथ होते हैं। जिस तरह आप तभी सुरक्षित ड्राइविंग कर सकते हैं, जब आप अपना ध्यान सड़क पर रखें और सीधा सामने देखें, उसी तरह लोगों से व्यवहार में आप सौहार्दपूर्ण संबंध तभी स्थापित कर सकते हैं, जब आप उनकी विशेषताओं पर ध्यान केंद्रित करें। निश्चित रूप से गाड़ी चलाते समय आपको ट्रैफिक सही रूप में देखने के लिए रीयर व्यू मिरर में देखना पड़ता है। इसी तरह दूसरों के साथ अपने रिश्तों में आपको उनकी

कमियों से परिचित होना पड़ता है। लेकिन जिस प्रकार आप रीयर व्यू दृष्टि से अपनी ड्राइविंग को प्रभावित नहीं करेंगे, उसी तरह आप दूसरे लोगों की कमियों की वजह से उनके लिए अपनी पूरी राय को प्रभावित नहीं करेंगे। यह काफी प्रलोभनकारी है, लेकिन निर्णायक और व्यक्तिपरक होने से बचें। उनकी अच्छी चीज को याद करें और इसके लिए उनकी सराहना करें। यह भी सही है कि इस ब्रह्मांड में सबकुछ ऐसे ही काम करता है—बूमरैंग प्रभाव। आप दूसरों को जितना अधिक पसंद करेंगे, उतना ही वे आपको पसंद करेंगे।

जैसा श्री श्री रविशंकर ने एक बार कहा था—''आतंकवादी भी मूल रूप से अच्छे लोग होते हैं, क्योंकि वे अपने उद्देश्य के लिए अपना जीवन समर्पित कर देते हैं। उन्हें बस जीवन में सही दिशा की जरूरत होती है।'' ईसा मसीह ने भी कहा था—''पाप से घृणा करो, पापी से नहीं।'' और जैसा कि फ्रांकोइस गॉटर ने कहा—''फूल अपने आप खिलते हैं—हम बस उसमें थोड़ा पानी डाल सकते हैं।'' इसी तरह, हर व्यक्ति आखिरकार अपनी क्षमता और अपनी नियति के अनुसार काम करता है। हमें तो बस उन्हें थोड़ा प्रोत्साहन, थोड़ी प्रेरणा देनी चाहिए। और ऐसा करने का बेहतरीन तरीका उन्हें वांछित महसूस कराना है। हममें से अधिकतर लोग मेढक राजकुमार और राजकुमारी की कहानी से परिचित हैं। राजकुमारी के एक चुंबन ने बदसूरत मेढक को एक खूबसूरत राजकुमार में बदल दिया। इस दुनिया के अधिकतर लोग ऐसे ही हैं—अंदर से अच्छे और उदार लोग, जो बाहर से थोड़े रूखे लग सकते हैं, लेकिन हमेशा विशेष व्यक्तित्व में रूपांतरित होने की प्रतीक्षा करते हैं। उन्हें बस वांछित और पसंदीदा महसूस कराने की जरूरत होती है।

और अच्छी खबर यह है—लोगों को पसंद करने में हमारा कुछ जाता नहीं है। जिस तरह आप सूर्य को उसकी तेज गरमी के लिए नहीं, बल्कि उसकी चमकीली रोशनी के लिए पसंद करते हैं; आप एयर कंडीशनर को उसके शोर के लिए नहीं, बल्कि उससे निकलनेवाली ठंडक के लिए पसंद करते हैं; आप पैसे को उसकी क्षणभंगुर प्रकृति के लिए नहीं, बल्कि उसके साथ आनेवाले आराम के लिए पसंद करते हैं; आप विमान को उसकी थरथराती लैंडिंग के लिए नहीं, बल्कि कम देर में और आसानी से अधिक दूरी तय करने के लिए पसंद करते हैं; आपको लोगों की उनकी उद्धतता के लिए नहीं, बल्कि उनकी अंतर्निहित मानवीयता के लिए पसंद करना चाहिए। चाहे जो हो, उन्हें पसंद करें और आप हैरान हो जाएँगे कि बदले में वे आपको कितना पसंद करते हैं! □

6

विनम्र बनें

गुरु डिंग ले मेइ ने एक बार कहा था—"जब हम तैयार होते हैं तो हमेशा दिव्य शक्ति की उपस्थिति में होते हैं, लेकिन हमारे पास देखने के लिए आँखें और समझने के लिए बहुत ही सरल दिल होना चाहिए।" विनम्रता के बगैर आदमी एक उन्मत्त साँड़ की तरह होता है। उसमें ताकत और क्षमता होती है, लेकिन अपनी ताकत को नियंत्रित रखने के लिए जरूरी संयम नहीं होता। यही स्थिति मनुष्यों की है—हालाँकि हममें से अधिकतर लोग बड़े कार्य करने में सक्षम होते हैं, लेकिन कुछ महत्त्वपूर्ण करने के लिए हमें विनम्र होने की आवश्यकता होती है। 'अहंकार पतन का कारण होता है', यह बात हम सबने स्कूल में पढ़ी होती है; लेकिन अधिकतर लोग दुर्भाग्यवश इस शिक्षा को पाठ्य-पुस्तकों में ही छोड़ आते हैं। आम तौर पर अहं ही लोगों के उद्देश्य में बाधक होता है। विनम्रता में हमें एक सर्वोच्च शक्ति के प्रति समर्पित होना होता है, जो हमारे सारे अनुमानों से ऊँची होती है। यह अनिवार्य रूप से उस शक्ति और उसकी सर्वव्यापकता को स्वीकार करना है। इस अर्थ में अपने आपको विस्तृत करने का यहाँ पर भिन्न अर्थ है—इसका अर्थ है अपने आपको अपने आपसे परे ले जाना। वह ऐसा चरण है जहाँ 'मैं' 'हम' हो जाता है, 'मेरा' 'हमारा' बन जाता है। जब हम विनम्र और सरल होंगे, तभी इस अद्‌भुत चरण को पूरा कर सकते हैं। हम सबने बचपन में खूब कॉमिक्स पढ़ी हैं और हम जिस सुपर हीरो को भी जानते हैं—सुपरमैन, स्पाइडरमैन, हीमैन, बैटमैन, फैंटम—सब अत्यंत विनम्र

होते हैं। जैसा कि 'स्पाइडरमैन' फिल्म की उस महत्त्वपूर्ण पंक्ति में कहा गया है—"अधिक शक्ति के साथ जिम्मेदारी भी अधिक आती है', और अधिक जिम्मेदारी के साथ अधिक विनम्रता आती है।

□

7

बड़े उद्‌देश्य के लिए खुद को प्रतिबद्ध करें

पूर्व अमेरिकी उपराष्ट्रपति अल गोर ने एक बार एक बहुत अच्छी बात कही थी—"हम बहस नहीं, नतीजे के युग में रहते हैं।" ऐसे समय में जब उत्तरी और दक्षिणी ध्रुवों में बर्फ पिघल रही है और ग्लोबल वार्मिंग सिर्फ भूगोल का एक अध्याय नहीं, बल्कि एक प्रत्यक्ष हकीकत है, हमें अधिक बड़े उद्‌देश्य के लिए जागरूक होने और प्रतिबद्धता दिखाने की जरूरत है।

सौभाग्य है कि यह दुनिया ऐसे लोगों से भरी हुई है, जो सिर्फ होंठ हिलाने की बजाय काफी कुछ कर रहे हैं। उदाहरण के लिए, अभिनेता लियोनार्दो डि कैपरियो की वेबसाइट जीवन के प्रति उनके उत्साह को प्रदर्शित करती है। जब अधिकतर लोग अपनी वेबसाइटों को सिर्फ प्रचार माध्यमों के रूप में इस्तेमाल कर रहे हैं, लियोनार्दो अधिक समझदार हैं। उनकी वेबसाइट दो हिस्सों में बँटी हुई है—'लियोनार्दो' शीर्षक वाला आधा हिस्सा आपको उनकी फिल्मों के बारे में अपडेट रखता है, जबकि 'इको-साइट' नामक दूसरा हिस्सा पर्यावरण को समर्पित है और इस पर टिप्स देता है कि कोई किस तरह पर्यावरण को नष्ट होने से बचा सकता है, और इस तरह के असंख्य लोग हैं।

अच्छी बात यह है कि हममें से हर कोई अपने तरीके से योगदान दे सकता है—इस दुनिया को कायम रखने के लिए, एक बेहतर जगह बनाने के लिए छोटा या बड़ा, पैसे, समय, ऊर्जा, सहयोग या किसी भी रूप में योगदान। जिस तरह इस

दुनिया में तरह-तरह के व्यवसाय और विकल्प हैं, ऐसे ही बहुत से उद्‌देश्य हैं, जिनके लिए काम किए जाने की जरूरत है। एक पल के लिए ग्लोबल वार्मिंग के प्रभावों की कल्पना कीजिए। वह सर्वव्यापी है, जो वर्ग, देश और महाद्वीप की सीमाओं से परे है। उसका प्रभाव किसी एक खास जगह तक सीमित नहीं है। इस धरती का हर व्यक्ति और जीव उससे प्रभावित है। इसी तरह आर्थिक उत्थान और पतन पर भी यही बात लागू होती है। तेल-संकट से दुनिया भर में कीमतों पर असर पड़ता है। हर वस्तु और सेवा इससे प्रभावित होती है। यही हाल मुद्रास्फीति का है। यह किसी को नहीं छोड़ती। अमेरिका का आर्थिक संकट चाँदनी चौक में बैठे हुए एक दुकानदार पर भी असर डालता है, चाहे उसे इसका अहसास हो या नहीं। इसी तरह सोमालिया में भूख या चेचन्या में नागरिक अशांति के दूरगामी प्रभाव होते हैं, चाहे हम इसे मानें या नहीं। तो निष्कर्ष यह है कि इस ब्रह्मांड में हर चीज हर किसी को प्रभावित करती है, चाहे वह इसके प्रति जागरूक हो या नहीं। जैसा कि जीन-पॉल सात्रे ने महसूस किया था—"हर मानवीय प्रयास, चाहे वह कितना भी एकल लगे, उसमें पूरी मानव जाति शामिल होती है।"

हमारे आस-पास नकारात्मकता की अधिकता होने के कारण इस समय आवश्यकता है कि हम दुनिया में जिस रूप में कर सकें, प्रार्थना, कर्म और शब्द के द्वारा अधिक-से-अधिक सकारात्मक तरंगें ला सकें। कम-से-कम हम यह कर सकते हैं कि अपनी प्रार्थनाओं में दुनिया में शांति लाने के अनुरोध को शामिल कर सकें। यह बहुत बचकाना लग सकता है, लेकिन वास्तव में अगर हम सब अपने विचारों को इस सुंदर इच्छा के साथ मिला सकें तो उसका दूरगामी प्रभाव होगा। इसी तरह, अगर हम पर्यावरण अनुकूल रिसाइकिल होनेवाले उत्पादों का इस्तेमाल करते हुए, पेड़ लगाते हुए, वैकल्पिक ऊर्जा स्रोतों को चुनते हुए, कम ईंधन लगनेवाली प्रौद्योगिकी इस्तेमाल करते हुए पर्यावरण-संरक्षण के प्रति खुद को समर्पित करें तो हम अपनी पृथ्वी की बहुत सेवा कर सकते हैं। चाहे हम किसी भी चीज की उत्कंठा महसूस करें। चलिए, हम अपने आपसे इस उद्‌देश्य के लिए काम करने का वादा करें और अपने अद्‌भुत ग्रह को आनेवाली पीढ़ियों के लिए बचाएँ। यह उनके प्रति हमारा कर्तव्य है।

डोनाल्ड ट्रंप ने एक बार ऐसी बात कही, जिसका मेरे ऊपर स्थायी प्रभाव पड़ा—"लोग अकसर मुझसे पूछते हैं कि आप कैसे अरबों डॉलर के सौदे करते हैं और उन्हें बड़े बैंक ऋणों से फाइनेंस करते हैं? आप रात को सोते कैसे हैं? सच्चाई

यह है कि यह कोई मायने नहीं रखता। उससे क्या फर्क पड़ता है? सोचिए कि किस तरह वर्ल्ड ट्रेड सेंटर में 3,000 लोग मारे गए—दुःखद; और किस तरह वर्ष 2004 में एशिया में सुनामी से 3 लाख लोग मारे गए, जो इससे 100 गुना अधिक थे। इससे क्या फर्क पड़ता है कि आपको 9 बजे सिटी बैंक के अध्यक्ष के सामने बड़ा प्रेजेंटेशन देना है? जो समस्याएँ आपको बड़ी लगें, वास्तव में उनसे बड़ी चीजों के सामने वे तुच्छ होती हैं।'' दुनिया के एक सबसे महत्त्वाकांक्षी व्यक्ति का कितना अद्‍भुत विचार है! उनके उद्धरण को ध्यान में रखें और अगली बार जब आप अपनी समस्याओं में डूबने लगें तो बस उसे फिर से याद कर लें—यह चीजों को सही रोशनी में देखने में आपकी मदद करेगा। चाहे आपका लक्ष्य जो भी हो, हमेशा उससे बड़ा एक लक्ष्य होगा, जिस पर आपको ध्यान देने की जरूरत है, और एक बड़ा उद्‍देश्य है, जिसके लिए आपको काम करने की जरूरत है।

□

अध्याय छह

व्यावसायिक

"एक औसत आदमी अपनी ऊर्जा और क्षमता का सिर्फ २५ प्रतिशत ही काम में लगाता है। दुनिया उन लोगों को सलाम करती है, जो अपनी क्षमता का ५० प्रतिशत से अधिक काम में लगाते हैं और उन चंद लोगों को दंडवत् प्रणाम करती है, जो अपना 100 प्रतिशत समर्पित करते हैं।"

—एंड्रयू कार्नेगी

1

अपने काम के प्रति समर्पित रहें

डीजल जींस साम्राज्य के स्वामी रेंजो रोसो से जब उनके जीवन का आदर्श पूछा गया तो उन्होंने जवाब दिया—"डीजल मेरी कंपनी नहीं है—वह मेरा जीवन है।" इसाक आसीमोव ने अपने जीवन में 475 किताबें लिखीं। मैं बहुत से लोगों को जानता हूँ, जिन्होंने अपने पूरे जीवन में इतने शब्द भी नहीं लिखे। उनकी दक्षता का राज उनके अनुसार यह था—"अपने आपको जितना संभव हो उतना प्रेरित करना।" जॉर्ज सिमनन ने भी 500 से अधिक पुस्तकों का लेखन किया। वह एक दिन में लगभग 70 पृष्ठ लिखते थे और उन्होंने विभिन्न क्षेत्रों में अपनी शब्दावली इतनी विस्तृत कर ली कि उन्हें कभी शब्दकोश का इस्तेमाल करने की जरूरत नहीं पड़ती थी, जिसकी वजह से वह बिना किसी बाधा के काम कर सकते थे। बैक हर सप्ताह एक कविता लिखा करते थे, चाहे वह बीमार या थके हुए हों। और मोजार्ट ने अपने जीवन में 600 से अधिक संगीत-रचनाएँ कीं। थॉमस एडिसन ने अपने काम के दौरान लगभग 3,500 रिकॉर्ड संग्रह और 40 लाख पृष्ठ नोट्स लिखे। दिल्ली मेट्रो के प्रबंध निदेशक डॉ. ई. श्रीधरन अपने काम के प्रति समर्पण की एक मिसाल हैं। नौकरशाही और बहानों से पीड़ित देश में उन्होंने अपना काम किसी भी स्थिति में डेडलाइन के अंदर समाप्त करने का एकसूत्री एजेंडा रखा और भारत के लिए यह अत्यंत चमत्कारपूर्ण था कि वह काम उन्होंने बजट के अंदर पूरा करने का उद्देश्य रखा। दिल्ली मेट्रो इसका उदाहरण है कि किस तरह एक व्यक्ति का समर्पण पूरे तंत्र को सक्षम बना सकता है।

जब हम अपने आपको अपने काम के प्रति समर्पित करते हैं तो वह काम

नहीं रह जाता, बल्कि एक आनंद बन जाता है। मेरी पत्नी रौनिका को फोटोग्राफी का इतना शौक है कि वह लगातार 12 से 13 घंटे तक शूट कर सकती हैं और थकतीं नहीं। इसका राज यह है कि वह जीवन में अपने काम के प्रति समर्पित हैं और पूरी तरह उसमें डूब जाती हैं। वह अकसर कहती हैं—"अपने हाथ में कैमरा के साथ मैं स्वयं को ईश्वरीय ऊर्जा से भरी हुई महसूस करती हूँ। यह कोई महत्त्वपूर्ण नहीं होता कि मैं जो शॉट चाहती हूँ, उसके लिए मुझे किसी दीवार को फाँदना है, किसी भवन पर चढ़ना है, अँधेरे में गुम होना है, किसी पेड़ से लटकना है या फर्श पर रेंगना है। उस समय मेरे लिए समय रुक जाता है और मैं ब्रह्मांड के साथ एकरूप हो जाती हूँ।"

हमने पिछले अध्यायों में मन, शरीर और आत्मा की बात की—आपको संपूर्ण आनंद तभी मिलेगा जब आप इन तीनों को एक साथ मिलाएँ और उन्हें अपने काम में समाविष्ट करें। किसी भी क्षेत्र के सर्वश्रेष्ठ लोग जो भी करते हैं, उसे अपने अस्तित्व के अभिन्न अंग के रूप में और अपनी आत्मा के विस्तार के रूप में देखते हैं। काम करने की बजाय वे खुद को अभिव्यक्त करते हैं। गोल्डन ग्लोब जीतनेवाले पहले भारतीय बनने के बाद ए.आर. रहमान ने कहा—"काम के बारे में सबसे खूबसूरत चीज खुद काम है।" 95 वर्ष की दीर्घायु में भी एम.एफ. हुसैन दिन में 10 घंटे पेंटिंग करते हैं। मुझे नहीं लगता कि वह उसे काम मानते हैं। न ही जोहरा सहगल मानती हैं, जो 97 की उम्र में भी एक किशोर वय ऊर्जा के साथ थिएटर में काम करती हैं। डेरेक प्रिंगल ने एक बार सबसे महान् क्रिकेट खिलाड़ी सचिन तेंदुलकर के बारे में कहा— "बहुत से लोग प्रतिभा के साथ जन्म लेते हैं, लेकिन तेंदुलकर जैसे कुछ ही लोग उसे पूर्ण रूप से अभिव्यक्त करते हैं और वह अच्छी जींस के साथ-साथ नेट का भी उत्पाद हैं।" वह शीर्ष पर पहुँचने के बाद भी नेट प्रैक्टिस के प्रति सचिन की पूरी प्रतिबद्धता की बात कर रहे थे। किसी ने ठीक ही कहा है—"स्थायी महत्त्व की कोई चीज आसानी से नहीं आती।" उसके लिए हमें अपने काम के प्रति अनवरत और संपूर्ण समर्पण रखना होगा।

जब आप अपने काम के प्रति समर्पित होते हैं तो वह परम शक्ति से आपके संपर्क की कड़ी बन जाती है। जैसा कि भारत के एक मशहूर फोटोग्राफर रघु राय ने एक बार कहा था—"जीनियस पैदा नहीं होते। वे इसलिए जीनियस होते हैं, क्योंकि वे संबद्ध होते हैं। लेकिन सिर्फ वह एक संबंध काफी नहीं है। आपको बार-बार फिर से नई चीज बनानी पड़ती है, खँगालते रहना होता है। अधिक-से-अधिक पाना

होता है। यह एक अंतहीन कुआँ है।'' लेकिन सबसे पहले आपको यह जानना होगा कि आप क्या पसंद करते हैं, जो आप वाकई पसंद करते हैं। आपके अंदर अपने काम के लिए दीवानगी होनी चाहिए। हममें से अधिकतर लोग 16 घंटे काम करके परेशान हो जाते हैं, लेकिन सबसे कामयाब लोग परेशान नहीं होते। उन्हें यह महसूस ही नहीं होता कि वे इतने लंबे समय तक काम कर रहे हैं, क्योंकि उनके लिए काम उनके व्यक्तित्व का एक स्वाभाविक प्रतिबिंब, एक स्वाभाविक विस्तार होता है। जो भी अपने काम को मशीनी मानता है, वह कभी खुश और संतुष्ट नहीं हो सकता। संतुष्टि पाने के लिए समर्पण ही एकमात्र तरीका है। स्वामी परमहंस योगानंद ने अपनी पुस्तक 'ऑटोबायोग्राफी ऑफ ए योगी' में लिखा है कि ''ऐसे योगी और हिमालय वासी होते हैं, जो दिन में 20 घंटे बिना किसी थकान के ध्यान करते हैं—इसी तरह जो लोग अपने काम से प्यार करते हैं, वे योगी होते हैं, जिनके लिए उनका काम ही ध्यान होता है। वे इस गूढ़ कहावत के प्रतीक होते हैं—''आपको अपने आपको खोजने के लिए अपने आपको खोना होगा।''

□

2

विविध क्षेत्रों में हाथ आजमाएँ

'विविधता' एक ऐसा शब्द है, जिसके लिए मेरी दीवानगी सबसे अधिक है। मुझे लगता है कि हममें से हर किसी में विभिन्न प्रकार की चीजें करने और विविध काम करने की अपरिमित क्षमता होती है। मैंने अपने जीवन में अब तक 13 विभिन्न प्रकार के क्षेत्रों में हाथ आजमाया है—लेखक, संपादक, प्रकाशक, फोटोग्राफर, मॉडल, अभिनेता, निर्देशक अंक ज्योतिषी, कम्युनिकेशन ट्रेनर, वॉयस ओवर आर्टिस्ट, स्तंभ लेखक, पटकथा लेखक और प्रेरक—और अब भी बहुत कुछ है, जो मैं करना चाहता हूँ। वास्तव में जब मैं यह पुस्तक लिख रहा हूँ, मैं एक अल्पकालिक फिल्म-निर्माण कोर्स करना चाहता हूँ। मैं अपने व्यक्तिगत अनुभव से यह दावा कर सकता हूँ कि इस विविधता ने मुझे बहुत संतुष्टि दी है और मेरे विकास में मदद की है। अगर मैं एकआयामी होता या सिर्फ एक कॅरियर या कार्य में संलिप्त होता तो आज जितना संतुष्ट नहीं होता। फिर किसी खास कार्यक्षेत्र में भी मैंने विविधता लाने की कोशिश की है। उदाहरण के लिए, एक लेखक के रूप में मैंने विविध विषयों, जैसे मॉडलिंग प्रतियोगिताएँ, अंक ज्योतिष, फोटोग्राफी, विवाह-प्रबंधन, लघु कथाएँ और प्रेरक बातों पर किताबें लिखी हैं। जब मैं यह सब कह रहा हूँ, कृपया मुझे स्थितियों को स्पष्ट करने दें। ऐसा नहीं है कि मैं प्रतिभा-संपन्न होने का दावा कर रहा हूँ। मैं अपने विविध कार्यक्षेत्रों का श्रेय विस्तृत होने की क्षमता को देता हूँ। सिर्फ अपने आपको और अभिव्यक्त करने की मेरी इच्छा ने मुझे एक अधिक विस्तृत स्तर पर जीवन का अनुभव करने में सक्षम बनाया है। आप जो भी कर रहे हैं, उसमें काफी गुंजाइश होती है, जो आप कर सकते हैं। उदाहरण के लिए,

अगर आप एक कुक हैं तो शायद आपकी भोजन पकाने की शैली इतनी विशिष्ट है कि आप व्यंजनों की एक किताब लिख सकते हैं या कुकिंग सिखाने की कक्षाएँ चला सकते हैं। इसी तरह अगर आप एक फिटनेस इंस्ट्रक्टर हैं तो आप एक अलग सा फिटनेस वीडियो बनाने या फिटनेस पर एक किताब लिखने के बारे में सोच सकते हैं। अगर आप एक फर्नीचर डिजाइनर हैं तो आप ग्लासवेयर के क्षेत्र में उतर सकते हैं। अगर आप ध्यान दें तो बेहतरीन लग्जरी ब्रांड भी अब अपने आपको सिर्फ एक उत्पाद तक सीमित नहीं करते। रॉबर्टो कवाली, क्रिश्चियन डियोर, प्रादा, गुच्ची सिर्फ कपड़े नहीं, बल्कि सनग्लास, जूते, बैग, घड़ियाँ तथा अन्य सामान बनाते हैं। वर्सोचे और अरमानी जैसे ब्रांड आतिथ्य उद्योग में उतर गए हैं, जिन्होंने विशिष्ट लग्जरी होटल बनाए हैं। यही नहीं, वर्सोचे जेट इंटीरियर डिजाइनिंग के क्षेत्र में भी उतर गया है। इसी तरह रोहित बल और तरुण तहलियानी जैसे भारतीय डिजाइनर इवेंट डिजाइनिंग में उतर आए हैं। जे.जे. वलाया ने अपने वस्त्रों में फूलदार वस्त्र शामिल कर लिये हैं, रवि बजाज का अपना कैफेटेरिया है, अंकुर बत्रा ने अपने आपको कला और इंटीरियर डिजाइनिंग के क्षेत्रों में विभाजित कर लिया है। यह दुनिया उन लोगों की है, जो अपने आपको चारों ओर से विस्तृत करते हैं और एक के बजाय कई काम एक साथ करते हैं।

जो लोग सिर्फ एक चीज करते हैं, उन्हें और चीजें नजर नहीं आतीं। दुनिया भर के अभिनेताओं को देखें। जिन्हें सबसे अधिक प्यार और सराहना मिलती है, वे विविध भूमिकाएँ करते हैं। किशोर कुमार एक पार्श्व गायक, अभिनेता, गीतकार, संगीतकार, फिल्म-निर्माता, निर्देशक और पटकथा लेखक थे। जब तक अक्षय कुमार सिर्फ एक्शन कर रहे थे, उन्हें सीमित सफलता मिली, लेकिन जैसे ही उन्होंने साथ में हास्य और भावनात्मक भूमिकाएँ भी करनी शुरू कीं, वह सुपर स्टार की पदवी के पास जा पहुँचे। आमिर खान ने 'तारे जमीं पर' बनाकर साबित किया कि वह सिर्फ एक उत्तम अभिनेता ही नहीं, बल्कि एक उम्दा निर्देशक भी हैं। रितिक रोशन नृत्य में जितने कुशल हैं, उतने ही दक्ष भावुक दृश्य करने में, गाने में या एक्शन दृश्य करने में भी हैं। भारत के महानतम संगीतज्ञों में से एक ए.आर. रहमान ने हर संगीत वाद्य और विधा में हाथ आजमाया है और उसे अपनी दक्षताओं में शामिल करते गए हैं। सचिन तेंदुलकर के तरकश में लगभग हर तरह का स्ट्रोक और तकनीक है। वह आक्रमण में जितने दक्ष हैं उतने ही रक्षा में; वह ऑन साइड और ऑफ साइड दोनों में एक समान कुशल खिलाड़ी हैं। कुछ बेहतरीन कलाकार जिन्हें

मैं जानता हूँ, वे तैलचित्र सहित वाटरकलर में भी उतने ही निपुण हैं। आई.टी.सी. और टाटा जैसी कंपनियाँ उतनी ही कुशलता से निर्माण करती हैं जितनी कुशल वे आतिथ्य-उद्योग और अन्य सेवाओं में हैं। होटलों में प्रेसीडेंशियल सुइट भी होते हैं और स्टैंडर्ड तथा बजट रूम भी। किसी ने कहा है—"विविधता सिर्फ कौशल नहीं, बल्कि दृष्टिकोण है।" हमें अपने आपको विकसित करने में मदद करने के लिए अपने जीवन के सभी स्तरों पर विभिन्न प्रकार के कार्यकलापों को शामिल करना चाहिए। विविधता हमें निरंतर बदलती रहनेवाली इस दुनिया से सामंजस्य स्थापित करने में मदद करती है। वह अनुकूलन को हमारे दैनिक जीवन का हिस्सा बना देती है। जब आप विविधता को स्वीकार कर लेंगे, खुद को विविध प्रकार की रुचियों की ओर आकर्षित पाएँगे। एक संपूर्ण जीवन के लिए आपको उन सब पर ध्यान देना चाहिए। फिर हो सकता है कि आपको इस उक्ति में गंभीर सत्य मिल जाए, जो मेरे मित्र ने अपने काम की डेस्क पर लगा रखी थी—'एक काम का उस्ताद बनना अच्छा है पर कई का निष्णात बनना और बेहतर।' तो हर तरह से किसी एक काम में माहिर बनें, लेकिन कई कामों में निपुण होना कोई बुरी बात नहीं है।

□

3

अपने शौक को ही अपना पेशा बनाएँ

चाहे आपका शौक जो भी हो, आप हमेशा उसे अपने व्यवसाय में बदल सकते हैं। बचपन में ओटो बेटमैन ने अपने पिता के कूड़ेदान से प्रिंट और चित्र एकत्रित करना शुरू किया, जिन्हें उन्होंने एक पुराने सिगार बॉक्स में जमा करके रखा। जैसे-जैसे साल गुजरे, उनका उत्साह दीवानगी में बदल गया और उन्होंने पुस्तकालयों, अटारियों, बेसमेंटों आदि में पड़ी पुरानी किताबों, यहाँ तक कि उपेक्षित किए गए पारिवारिक अलबमों से हर प्रकार के चित्र एकत्रित करने शुरू कर दिए। उनका शौक धीरे-धीरे इतना विशाल पुरालेख बन गया कि वह फोटोग्राफी या चित्रकारी के साथ किसी भी रूप में जुड़े किसी व्यक्ति के लिए एक संदर्भ वस्तु बन गया। जब उन्होंने अपना पुरालेख बेचा, जिसके उन्हें लाखों डॉलर मिले, तो उसमें 30 लाख तसवीरें थीं और उसे इतना अमूल्य संग्रह माना गया कि उसे पेंसिल्वेनिया के एक उच्च सुरक्षावाले भूमिगत खदान में रखा गया। अब वह बिल गेट्स के स्वामित्ववाले कोरबिस कॉरपोरेशन का हिस्सा है। और देखिए, उन्होंने कहाँ से शुरुआत की थी—कूड़ेदान से स्क्रैप बीनने से!

जैसा कि किसी ने कहा है—"आपको सबसे अधिक जो आवाज सुननी चाहिए, वह है अपने दिल की आवाज।" फिर मैं आपको व्यक्तिगत अनुभव से उदाहरण देना चाहूँगा—एक समय मैं एक पुस्तक प्रकाशन गृह में एक संपादक की हैसियत से काम कर रहा था। कुछ समय बाद मैंने काम के बाद एक फोटोग्राफी कक्षा में जाना शुरू किया, सिर्फ इसलिए कि मैं उस माध्यम से काफी सम्मोहित था। किस्मत देखिए, चार साल बाद फोटोग्राफी मेर मुख्य पेशा बन गया और आज

मुझे इस व्यवसाय से पहले वाले से कहीं अधिक पैसा और रचनात्मक संतुष्टि मिल रही है, जो एक संपादक होते हुए मिलती। इसलिए अपने दिल की बात सुनें और पैसा आपके पीछे-पीछे आएगा। अपनी उम्र के चौथे या पाँचवें दशक में स्थित लोगों द्वारा अपनी सुविधाजनक नौकरियाँ छोड़कर अपने शौक के काम अपनाने की बातें सुनना असामान्य नहीं है। भारत के सबसे अच्छे अभिनेताओं में से एक अमरीश पुरी, जिन्होंने लगभग 300 फिल्मों में काम किया, ने 39 वर्ष की उम्र में एक फिल्म अभिनेता बनने के लिए अपनी इंश्योरेंस की नौकरी छोड़ दी। गोल्डन ग्लोब नामांकित फिल्म-निर्माता शेखर कपूर इंग्लैंड में एक चार्टर्ड एकाउंटेंट थे, जो अपनी बढ़िया नौकरी छोड़कर भारत लौटे और 37 वर्ष की उम्र में अपनी पहली फिल्म का निर्देशन किया। अपनी दिली इच्छा को पूरा करने या अपने जीवन में नए क्षेत्र में उतरने में उम्र और पृष्ठभूमि कभी कोई अवरोध नहीं होते। वास्तव में, आपका शौक ही आपका पेशा होना चाहिए। अगर आपको बुनाई पसंद है तो आप बुनाई की कक्षाएँ चला सकते हैं, अगर आपको टेबल लिनेन डिजाइन करना पसंद है तो आपके सामने हमेशा एक बाजार उपलब्ध है। अगर आपको सुगंधित मोमबत्तियाँ बनाने का शौक है तो क्यों न उसे अपना पेशा बना लें? अगर आप शॉपिंग पसंद करते हैं और दूसरों की मदद करने का भी शौक है तो क्यों न एक पर्सनल शॉपर बन जाएँ? अगर दूसरों को आराम पहुँचाना आपके स्वभाव में है तो क्यों न हीलर बन जाएँ? अगर आप शतरंज अच्छा खेलते हैं और साथ ही प्रतियोगिता भी पसंद करते हैं तो क्यों न एक पेशेवर शतरंज खिलाड़ी बन जाएँ? अगर आप ऐसे बैंकर हैं, जो अपने खाली समय में मिनिएचर बनाना पसंद करते हैं और उसे अपनी आँकड़ों से जूझनेवाली नौकरी से अधिक चाहते हैं तो फुलटाइम पेंटिंग के क्षेत्र में उतर सकते हैं। अगर आपका दिल किसी काम में लगता है तो आप उसमें अधिक कामयाबी पा सकते हैं, जो सिर्फ काम समझकर की जानेवाली नौकरी में आप हासिल नहीं कर सकते। हमेशा याद रखें कि आपके और आपके सपनों के बीच सिर्फ आपके बहाने हैं। उन्हें एक ओर करें और जीवन में अपने सच्चे शौक को अपनाएँ।

□

4

समय बदलाव का

गौतम बुद्ध ने कहा था—"जीवन की एकमात्र स्थायी चीज है परिवर्तन।" अधिकतर लोग जीवन में आगे बढ़ने में विफल रहते हैं, क्योंकि वे बदलना नहीं चाहते। क्रैग हिकमैन ने एक बार कहा—"परिवर्तन—दूसरा कोई शब्द इतनी पूर्णता से समकालीन समाज और उसके उद्यमों की भावना को अभिव्यक्त नहीं करता।" आज सबकुछ तेजी से बदलता रहता है। हमें परिवर्तन को एक खतरे की बजाय एक अवसर के रूप में देखना चाहिए। अगर आपके वर्तमान क्षेत्र में आपको प्रेरणा नहीं मिल रही है तो क्यों न उसे बदल दें? यह सच है कि आरंभ में आपको इस विचार से घबराहट हो सकती है, लेकिन अगर आपने सुनियोजित ढंग से यह कदम उठाया है तो आपको दीर्घकाल में उसका बहुत लाभ मिलेगा।

लोगों को अकसर अपने काम में अवरोधों का सामना करना पड़ता है और वे नहीं जानते कि उससे कैसे निपटना है। उन्हें हमेशा शंका होती है कि नया अवसर उनके लिए सही रहेगा या नहीं। उनके दिमाग में यह डर बना रहता है—"ई.एम.आई. का क्या होगा?" "बच्चों की शिक्षा का क्या होगा?" "दूसरे लोग क्या कहेंगे, जब उन्हें पता चलेगा कि मेरा जीवनसाथी जीवन के मध्य में कॅरियर बदल रहा है?" "मैं ऐसा कैसे कर सकता हूँ/सकती हूँ?" "मुझे फिर से नई शुरुआत करनी होगी!" ये शंकाएँ प्रगति की राह में रोड़ा होती हैं।

अगर आप उन खुशकिस्मत लोगों में एक हैं, जिन्हें कम उम्र में ही अपनी असली जगह का पता चल गया है तो बहुत अच्छा है। लेकिन अगर आप हम जैसे बहुसंख्यक लोगों में हैं, जो काफी समय बाद में जाकर यह जान पाते हैं तो और

बेहतर है। कल्पना कीजिए कि आपने इस बीच कितना अनुभव इकट्ठा कर लिया है। मैंने कहीं पढ़ा था—"मनुष्य की प्रकृति की विशेषता यह है कि वह कहीं भी हो, यू-टर्न ले सकता है।" इसलिए अगर आप 52 वर्ष के एक कॉरपोरेट अधिवक्ता हैं और आपको लगता है कि आपको वास्तव में इवेंट प्लानिंग में होना चाहिए तो उसे गलत कहने वाला कौन है? कौन आपको वह करने से रोकेगा? क्या आपको अपना उबाऊ काम जारी रखना चाहिए? सिर्फ इसलिए कि आप इतने वर्षों से यह काम करते चले आ रहे हैं? सिर्फ इसलिए कि आपका आधा जीवन अच्छा नहीं रहा है, क्या आप बाकी का जीवन भी व्यर्थ कर देंगे? नहीं—मेरे मित्र, जीवन इतना अमूल्य है कि इसमें पछतावे की कोई जगह नहीं है। जिस पल आपके दिमाग में यह आता है कि आपको कुछ और करना चाहिए, उस पर काम करें। तुरंत, जैसा कि डॉ. जो विटाले ने कहा है—"ब्रह्मांड को गति पसंद है। विलंब न करें, पुनर्विचार न करें, शंका न करें। जब अवसर हो, जब प्रेरणा हो, जब अंदर से आवाज आ रही हो तो उस पर गौर करें। वह आपका काम है। और आपको बस वही करना है।"

याद रखें, परिवर्तन को बढ़ावा देने और स्थायी बनाने के लिए आपके अंदर हमेशा शक्ति होती है। मुझे लगता है कि अधिकांश मानव जाति को प्रभावित करने वाली सबसे बड़ी बुराई बहानेबाजी है। वह क्या है और क्या नहीं है, उसके लिए लगातार बहाने बनाते हैं। वे कभी अपनी परिस्थितियों के लिए जिम्मेदारी नहीं लेते। उनमें से एक न बनें। अगर जरूरत हो तो चेहरा उठाएँ और संगीत को सुनें, लेकिन हर समय अपनी ही धुन बजाएँ।

सबसे बढ़कर परिवर्तन को मूलभूत रूप में स्वीकार करें। जैसा कि मर्लिन फर्गुसन ने एक बार कहा था—"तरलता की दुनिया में होते हुए हम परिवर्तन से लड़ेंगे; तरलता की दुनिया को जानते हुए हम परिवर्तन के साथ सहयोग करेंगे।" परिचित सुविधाओं से जुड़ाव न रखें और नतीजों से भयभीत भी न हों। एक बार आपके बदलने के बाद सबकुछ बदल जाता है। जैसा कि रूमी ने कहा—"कोई दर्पण फिर कभी लोहा नहीं बना; कोई रोटी फिर कभी गेहूँ नहीं बनी; कोई पका हुआ अंगूर फिर कभी खट्टा फल नहीं बना। अपने आपको परिपक्व बनाएँ और परिवर्तन के बुरे नतीजों के बारे में आशंकित न हों। उजाला बनें!" इसलिए बदलें, खुद रोशनी बनें और दूसरों को भी प्रकाशित करें!

□

5

मस्तिष्क का उपयोग करें

काफी समय पहले मैंने कहीं यह पंक्ति पढ़ी थी—''गरदन से नीचे हम सीमित हैं—गरदन से ऊपर हम असीमित हैं।'' वह निश्चित रूप से काम बाँटने या अधिकार सौंपने की शक्ति के बारे में था। अगर हम प्रतीकात्मकता देखें तो वास्तव में यह सच है—हम शारीरिक रूप में बहुत अधिक नहीं कर सकते। आप एक ही समय पर एक बैंक और ग्रोसरी स्टोर में नहीं हो सकते। इसी तरह अगर आप अपनी कंपनी के प्रबंध निदेशक हैं तो आप इसके साथ-साथ एक चौकीदार के रूप में काम नहीं कर सकते। अगर आप अभिनेता हैं तो एक ही साथ सिनेमेटोग्राफर और स्पॉट बॉय भी नहीं हो सकते। किसी खास समय पर, आप चाहे जहाँ भी हों, सिर्फ पहिए का एक दाँत हैं, चाहे वह सबसे महत्त्वपूर्ण ही क्यों न हो! आपको किसी भी महत्त्वपूर्ण काम को पूरा करने के लिए हर क्षेत्र में एक ही समय पर या अलग-अलग समय पर काम कर रहे विशेषज्ञों और पेशेवरों की जरूरत होती है। किसी भी कार्यक्षेत्र के सबसे सफल लोग वे होते हैं, जो ऐसे काम दूसरों को सौंप देते हैं, जो वे नहीं कर सकते या दूसरे अधिक बढ़िया और सस्ते में कर सकते हैं। आज के हर कामयाब डिजाइनर के पास विजुअलाइजरों, मर्चेंडाइजरों, इलस्ट्रेटर्स, सेल्स के लोगों, पब्लिसिटी करने वालों, जूनियर डिजाइनरों, टेलरों आदि की टीम होती है, जो साथ काम करते हुए एक ब्रांड बनाते हैं। अगर एक डिजाइनर (चाहे उसके पास अलौकिक प्रतिभा हो) को यह सारा काम करना पड़े तो या तो उसका प्रदर्शन शून्य होगा या बहुत ही निम्न स्तरीय।

आज के समय में काम का बँटवारा अपनी उत्पादकता को बढ़ाने का तरीका

है। ऐसे व्यक्ति की कल्पना कीजिए, जो वॉशिंग मशीन जैसी एक आधुनिक सुविधा होते हुए भी हाथ से कपड़े धोता है। इस प्रक्रिया में वह व्यक्ति बहुमूल्य समय और ऊर्जा बरबाद कर रहा है, जिसे वह दूसरे क्षेत्रों में अधिक उत्पादकता के लिए इस्तेमाल कर सकता है। अच्छा तरीका अपने आपको पेशेवर रूप में इतना विस्तृत करना है कि आप अपने आस-पास विश्वसनीय पेशेवरों की एक टीम बना सकें। यह मायने नहीं रखता कि आप क्या या कितना कर सकते हैं, हमेशा ऐसे बहुत से काम होते हैं, जो आप नहीं कर सकते। काम का बँटवारा करना उन कमजोरियों को दूर करता है। उदाहरण के लिए एक एफ1 ड्राइवर को बस रेस पर ध्यान केंद्रित करना होता है, जबकि इंजीनियरों की एक टीम रेस की तकनीकी चीजों की जाँच के लिए पिट स्टॉप पर उसका इंतजार करती है। वह ऐसा नहीं कर सकता कि एक ही समय रेसिंग भी करे और पहिए भी बदले।

और अगर आप देखें तो यह अच्छी बात है कि हम हर काम खुद नहीं कर सकते। जैसा कि रॉबर्ट एच. शुलर कहते हैं—''वे लोग खुशकिस्मत हैं, जिन्हें दूसरों की जरूरत पड़ती है।'' इससे हमें एक-दूसरे के साथ जुड़े रहने में मदद मिलती है। यह ब्रह्मांड इस तरह बनाया गया है कि चाहे आपका लक्ष्य जो भी हो, हमेशा ऐसे सही लोग होते हैं, जिनके सहयोग से आप अपने सपनों को साकार कर सकते हैं। इसलिए लोगों से दूर होने की बजाय अधिक-से-अधिक लोगों से जान-पहचान बढ़ाएँ और अपनी उत्पादकता बढ़ाने के लिए सही लोगों को चुनें। आप जितना अधिक लोगों को महत्त्व देंगे, आपका अपना जीवन और उपलब्धियाँ उतनी ही महत्त्वपूर्ण होंगी।

हमेशा याद रखें कि हर मनुष्य में कुछ-न-कुछ विशेषता होती है। आपको बस उस विशेषता को पहचानना है और उसे पूरा महत्त्व देना है। हेनरी फोर्ड ने एक बार कहा था—''आप मेरी फैक्टरियाँ ले लो, मेरी इमारतें जला डालो; लेकिन मुझे मेरे लोग लौटा दो और मैं फिर से व्यवसाय खड़ा कर दूँगा।'' लोगों को उनकी विशिष्टता महसूस कराएँ और ऐसा कुछ नहीं है, जो वे आपके लिए नहीं करेंगे।

□

6

अपने काम की महत्ता समझें

अधिकतर लोग अपने जीवन को बेहतर नहीं बना पाते, जिसकी वजह यह है कि वे अपने काम को महत्त्व नहीं देते। उनके अंदर यह भावना होती है कि दूसरे लोग अधिक महत्त्वपूर्ण नौकरियाँ कर रहे हैं। लेकिन सच्चाई यह है कि जो लोग यह मानते हैं कि वे कुछ महत्त्वपूर्ण कर रहे हैं, वही दुनिया में उल्लेखनीय योगदान करते हैं। आप मार्टिन लूथर किंग के इस कथन से परिचित होंगे—"अगर कोई व्यक्ति सड़क सफाईकर्मी है तो उसे सड़कें ऐसे साफ करनी चाहिए जैसे माइकलेंजेलो चित्रकारी करता था, बीथोवन संगीत बजाता था या शेक्सपीयर कविता लिखता था।" उसे सड़कों को इतनी अच्छी तरह साफ करना चाहिए कि स्वर्ग और धरती के सभी निवासी मंत्रमुग्ध होकर यह कह उठें कि यहाँ पर एक महान् सफाईकर्मी रहता था, जो अपना काम अच्छे से करता था।" हाँ, अगर कुछ और है, जो आपके हिसाब से आप बेहतर कर सकते हैं तो उसके पीछे लग जाएँ। लेकिन अगर आपके दिमाग में कोई और काम नहीं है तो अपने वर्तमान काम को सम्मान दें। जैसा कि मैंने इस पूरी पुस्तक में कहा है—"अगर आप नहीं करेंगे तो कौन करेगा?" नकारात्मक चीजों पर ध्यान केंद्रित करने की बजाय क्यों न सकारात्मक चीजों की एक सूची बनाएँ। मुझे यकीन है कि हम सब ढेर सारी विशेषताएँ ढूँढ़ निकालेंगे। उदाहरण के लिए, अगर आप एक बिलबोर्ड पेंटर हैं तो आप निम्न विशेषताएँ बता सकते हैं—

- मैं कुछ ऐसा कर रहा हूँ, जो दूसरों की आँखों को अच्छा लगता है।
- इसमें अधिक उपरिव्यय शामिल नहीं है।

- मैं एक कलाकार हूँ, जिसका काम हजारों लोगों द्वारा नित्य देखा और सराहा जाता है।

हम हर चीज में सकारात्मकता खोज सकते हैं। ऐसा नहीं है कि हम ऐसा कर सकते हैं, बल्कि हमें ऐसा करना चाहिए। जो लोग अपने व्यवसाय में निपुणता हासिल कर लेते हैं, वे ऐसे लोग होते हैं, जो अपने काम से बहुत प्यार करते हैं। वे अपने काम के सकारात्मक पहलुओं को देखते हैं और उतनी ही आसानी से उस व्यवसाय से जुड़े खतरों को भी अपना लेते हैं। शिकायतें करने की बजाय वे दूसरों को अपने काम की सिर्फ अच्छी चीजें बताते हैं। चाहे आप बीट पेट्रोल पर मौजूद पुलिसकर्मी हैं, बस यह सोचें कि आपकी उपस्थिति ही आपके इलाके में कानून-व्यवस्था कायम रखने में कितना योगदान दे रही है। चाहे दूसरे लोग आपको धन्यवाद न दें, आप सारी अच्छाई के लिए अपने आपको और अपने काम को धन्यवाद दें। वान गफ ने अपने जीवन में सिर्फ एक कृति बेची। लेकिन वह निराश नहीं हुए और अपने पसंदीदा काम को करना बंद नहीं किया। वह अपनी कला में और डूबते गए। एक वान गफ कभी वान गफ नहीं बन पाते, अगर वह स्वयं नहीं महसूस करते कि वान गफ होना कितना अद्वितीय है! सराहना महत्त्वपूर्ण है, लेकिन वही सबकुछ नहीं है। अगर आप खुद को ऐसी स्थिति में पाएँ, जहाँ आपके प्रयास को उस रूप में मान्यता नहीं मिलती, जिस रूप में आप चाहते हैं तो निराश न हों। आप अपनी सबसे बड़ी मदद यह कर सकते हैं कि विपरीत परिस्थितियों में अपना मनोबल और आत्मविश्वास उच्च रखें। जब डीजल जींस के निर्माता रेंजो रोसो आरंभ में न्यूयॉर्क के स्टोरों में अपना सामान बेचने गए तो लोगों ने उनकी हँसी उड़ाई और मजाक बनाया कि वह अपनी फटी हुई जींस को ऐसे बड़े स्टोरों को बेचने के बारे में सोच भी कैसे सकते हैं! लेकिन उन्होंने अपनी कोशिश जारी रखी और आखिरकार डीजल जींस को अरबों डॉलर के एक साम्राज्य में बदल दिया। निष्कर्ष यह निकलता है कि उन्होंने अपने काम का महत्त्व समझा और उपहास किए जाने पर भी उसे छोड़ा नहीं। एम.एफ. हुसैन बिलबोर्ड और सिनेमा के पोस्टर बनाया करते थे। बाद में उन्होंने कहा कि वह उस समय के अपने काम को उतना ही महत्त्व देते थे जितना वह अब देते हैं, जब वह बहुमूल्य पेंटिंग्स बना रहे हैं। नसीरुद्दीन शाह अपने थिएटर से उतना ही प्यार करते हैं, जितना वह फिल्मों में अपने काम को मजे में करते हैं। अगर आप अपने काम को महत्त्व देंगे और उसे ईमानदारी से करेंगे, तभी आप उसके बाद ऊँचे स्तरों पर उत्कृष्ट प्रदर्शन कर पाएँगे। आप ओलंपिक में खेलने के बारे में नहीं

सोच सकते, अगर आपने घरेलू क्लब स्तरीय मैचों में अच्छा प्रदर्शन नहीं किया। आप तब तक अंतरराष्ट्रीय क्रिकेट नहीं खेल सकते, जब तक कि पहले आप क्लब क्रिकेट और फिर रणजी मैच न खेलें। आप चाहे जहाँ पर भी हों, अपने काम को पूरा महत्त्व दें और फिर चमत्कार होते देखें।

यह कहा गया है कि कृष्ण के जीवन के दौरान सिर्फ तीन लोग उनका महत्त्व पहचानते थे; केवल बारह लोग ईसा मसीह को मानते थे; और बहुत कम लोग बुद्ध की कीमत जानते थे! लेकिन इससे उन लोगों ने अपना वह काम नहीं छोड़ा, जो वे कर रहे थे। इसलिए हमें भी कोई चीज नहीं रोक सकती। चलिए, अपने अनूठे व्यक्तित्व की कद्र करें और अपने काम को पूरा महत्त्व दें; क्योंकि काम ही पूजा है।

□

7

सितारों की आकांक्षा करें

विज्ञापन की दुनिया के शहंशाह लियो बर्नेट ने एक बार कहा था—"अगर आपने सितारों की ओर हाथ बढ़ाया और गिरे तो आपको चाँद मिलेगा। लेकिन अगर आपने सिर्फ पेड़ की टहनी तक पहुँचने की कोशिश की और गिरे तो आप कीचड़ में गिरेंगे।" इसलिए अपना लक्ष्य बहुत ही ऊँचा रखें। अगर आपने सर्वश्रेष्ठ का लक्ष्य रखा, तभी आप अपनी पूर्ण क्षमता में विकसित हो पाएँगे। अपने आपको विस्तृत करने का आधार ही विकास और उत्कृष्टता की चाह पर निर्भर है। अपने आपसे कहें कि एकमात्र राह उत्कृष्टता की राह है। अगर आप एक खिलाड़ी हैं तो आप जब भी खेलें, पूरे जी-जान से खेलें। ईमानदारी से कहा जाए तो अधिकतर लोग सिर्फ आखिरी मंजिल पर ही निगाह रखते हैं, लेकिन सफर भी उतना ही महत्त्वपूर्ण होता है।

चाहे आप जो भी करें, हमेशा अपनी सेवाओं के उपभोक्ता को ध्यान में रखें। अपने आपको उनकी जगह पर रखकर सोचें। अगर आप उनकी जगह होते तो क्या अपने आप से बेहतरीन बाहर लाने की नहीं सोचते? सर्वोत्तम संस्थान और व्यक्ति सर्वोत्कृष्ट मानकों के उदाहरण होते हैं। एक फूल इसकी परवाह किए बिना अपनी सुगंध बिखेरता है कि वह सुगंध कौन ले रहा है और सूर्य अपनी रोशनी रोशन होनेवाले लोगों का वर्ग, जाति देखे बिना बिखेरता है। ऐसा इसलिए है कि यह उनकी प्रकृति है। इसी तरह, आपको इस बात की परवाह किए बिना अपना सर्वश्रेष्ठ प्रदर्शन करना चाहिए कि आपके उपभोक्ता और लाभार्थी कौन हैं। संभावना यह है कि अगर आप उत्कृष्टता प्राप्त करना चाहते हैं तो उपभोक्ता या संरक्षक आपकी ओर ऐसे आकर्षित होंगे, जैसे लोहा चुंबक की ओर आकृष्ट होता है। उत्कृष्टता एक गतिशीलता उत्पन्न करती है, जो संक्रामक होती है। बेहतरीन बनने की कोशिश करें

और सच में इसकी कोई सीमा नहीं है। जैसा कि क्रैग हिकमैन और माइकल सिल्वा ने 'क्रिएटिंग एक्सीलेंस' में लिखा है—''चाहे सर्वेक्षण, अध्ययन और तुलनात्मक आँकड़े जो भी कहें, उत्कृष्टता की असली दौड़ त्रह है जो आप अपने ही साथ लड़ते हैं।''

हर मानवीय कार्यकलाप में उत्कृष्टता का सम्मान किया जाना चाहिए, बल्कि माँग की जानी चाहिए। जैसा कि जॉन गार्डनर ने एक बार कहा था—''एक उत्कृष्ट प्लंबर निश्चित रूप से एक अयोग्य दार्शनिक से अधिक सराहनीय है। जो समाज प्लंबिंग में उत्कृष्टता को उपेक्षित करता है, क्योंकि वह एक छोटा काम है और दर्शनशास्त्र में निकम्मेपन को स्वीकार कर लेता है, क्योंकि वह एक विशिष्ट काम है, उसमें न तो अच्छी प्लंबिंग होगी और न ही अच्छा दर्शनशास्त्र। उसकी न तो पाइपें दुरुस्त होंगी, न उसके सिद्धांत किसी काम के होंगे।'' इसलिए आप जो भी करते हैं, उसमें उत्कृष्टता का लक्ष्य रखें।

एक बार जब आप अपना बेहतरीन प्रदर्शन करने के अभ्यस्त हो जाएँगे तो उत्कृष्टता एक स्वाभाविक चीज हो जाएगी। आपको जान-बूझकर उसके लिए प्रयास करने की जरूरत नहीं पड़ेगी। उत्कृष्टता सिर्फ आपके कार्यस्थल में नहीं, बल्कि आपके जीवन के हर पहलू—स्वास्थ्य, संबंध, जीवन-शैली, व्यक्तिगत व्यवहार, लक्ष्य, आदि—में होनी चाहिए। उसे सिर्फ एक मानदंड के रूप में नहीं बल्कि एक दर्शन, एक जीवन-शैली के रूप में देखा जाना चाहिए। वास्तव में उत्कृष्टता अफीम की तरह है, एक बार आप उसके आदी हो जाएँ तो आपको उसकी लत लग जाती है। और एक शक्तिशाली चुंबक की तरह वह उसकी प्राप्ति के लिए सही संसाधनों और सही लोगों को आकृष्ट करना शुरू कर देता है। आपके दृष्टिकोण से लेकर आपके वातावरण तक हर चीज में उत्कृष्टता की चाह शामिल होंनी चाहिए। आपको अंदर-बाहर एक विजेता की तरह दिखना चाहिए। जो व्यक्ति किसी प्रकार की दौड़ में जीत हासिल करता है, वह ऐसा व्यक्ति होता है जो तैयारी करने और उसके बाद प्रदर्शन करने के लिए अतिरिक्त प्रयास करता है। तैयारी में पूरी मेहनत करें और आपको उसके असंख्य लाभ मिलेंगे। उत्कृष्टता के इतने अद्भुत नतीजे होते हैं कि उसकी उपस्थिति में हम झुक जाते हैं। वह आपको शक्तिशाली बना देती है, आप में एक अत्यंत व्यक्तिगत चुंबकत्व पैदा कर देती है। मानव प्रकृति यह है कि हर कोई एक विजेता को चाहता है। सिर्फ विजेता को देखनेवाला दर्शक बनकर न रहें, बल्कि खुद एक विजेता बनें।

□

अध्याय सात

व्यक्तिगत

“अपना जीवन जीने के दो रास्ते हैं–पहला मानो कुछ भी चमत्कार नहीं है, दूसरा मानो सबकुछ एक चमत्कार है।”

–अल्बर्ट आइंस्टाइन

1

बड़ा सपना देखें

एक बार बिल जैंकर ने कहा था—''आप जिस बारे में सपना देखते हैं, वही बनते हैं। अगर आप बड़े काम करने का सपना नहीं देखते, तो आप कभी जीवन में कुछ बड़ा नहीं कर पाएँगे।'' सभी उपलब्धियों का आरंभिक बिंदु एक सपना है। एक उत्कट, ज्वलंत, सभी कुछ समेटनेवाला सपना! इसलिए बड़ा सपना देखें, जो वास्तव में बहुत बड़ा हो, क्योंकि किसी ने कहा है—''आखिरकार हम अपने सपनों के आकार से मापे जाते हैं।''

'द रीडर' के लिए सर्वश्रेष्ठ अभिनेत्री का ऑस्कर पाने के बाद केट विंस्लेट ने अपने पुरस्कार ग्रहण भाषण में बताया कि किस तरह वह आठ साल की उम्र में अपने बाथरूम के दर्पण में देखते हुए और शैंपू की बोतल को अपनी ऑस्कर ट्रॉफी मानते हुए अपने ऑस्कर जीतने के पलों का अभ्यास करती थीं। उन्हें अपने सपने को पूरा करने में 25 साल लगे और पाँच विफलताओं का सामना करना पड़ा; लेकिन उन्होंने कभी सपना देखना नहीं छोड़ा। उन्होंने कहा—''सपने देखते रहो; क्योंकि मैं इस बात का सजीव प्रमाण हूँ कि वे सच होते हैं। मैं सच बोलती हूँ, मैं आपसे वादा करती हूँ कि मेरा सपना पूरा हुआ है।''

मैंने हाल में अमेरिका के एक पुराने हाई स्कूल के बोलने में अक्षम लड़के जेसन मैक एल्विन के बारे में पढ़ा। रेगुलर स्कूल में जाने के बावजूद उनके पिता को कोई उम्मीद नहीं थी। उसे बास्केट बॉल खेलने का शौक था और वह अपनी स्कूल टीम में बड़े स्तर पर खेलने का सपना देखता था। वह अपने सपने को लेकर इतना गंभीर था कि बास्केट बॉल कोर्ट के बगल में घंटों तक खड़ा रहता

था। धीरे-धीरे उन्होंने बगल से बॉल उठाकर कोच को देना शुरू कर दिया। कुछ सालों बाद उनके समर्पण को, और यह देखते हुए कि वह हर दिन छह घंटे कोर्ट में बिताते थे, उन्हें टीम का जूनियर कोच बना दिया गया। लेकिन अपने दिल में वह बस खेलने का सपना देखते थे। फिर एक दिन अपने कोच के कैरियर के आखिरी खेल में, जो इंटर स्कूल चैंपियनशिप का भी आखिरी खेल था, उन्होंने आखिरी चार मिनट में जेसन को खेलने देने और उसका सपना पूरा करने में मदद करने का फैसला किया। जेसन ने खेलना शुरू किया। उनका पहला शॉट साधारण था, वही हाल दूसरे का हुआ। लेकिन उसके बाद चमत्कार हुआ। उनके अगले छह शॉट हाफवे मार्क से शॉट तीन पॉइंटर थे। सब खेल के आखिरी तीन मिनटों में हुए, जिससे उनकी टीम मैच जीत गई। वह तुरंत एक राष्ट्रीय शख्सियत बन गए और जॉर्ज बुश तथा मैजिक जॉनसन जैसे लोग व्यक्तिगत रूप से उनसे मिलने गए। उनके जीवन पर एक किताब लिखी गई और एक फिल्म बनाई जा रही है। जब लैरी किंग ने जेसन, जो पाँच साल की उम्र तक बोलना नहीं सीख पाए थे, से पूछा कि उन्होंने यह कैसे किया, तो उन्होंने कहा, ''वह बहुत आसान था। मैंने बस यही सपना देखा था।''

मार्टिन लूथर किंग ने कहा, ''मेरा एक सपना है'' और उन्होंने नागरिक अधिकार आंदोलन में लाखों अमेरिकियों को एकजुट किया। नोबेल शांति पुरस्कार प्राप्त करनेवाले सबसे कम उम्र के व्यक्ति किंग ने अमेरिका में अहिंसक तरीकों से रंगभेद दूर करने का सपना देखा और उसे संभव बनाया। इसी तरह हम भारतीयों को असंख्य स्वतंत्रता सेनानियों की बदौलत आजादी मिली है—महात्मा गांधी, रानी झाँसी, बाल गंगाधर तिलक, भगत सिंह, चंद्रशेखर आजाद, सुभाषचंद्र बोस, सरोजिनी नायडू, वीर सावरकर, लाला लाजपत राय—इनमें से हर किसी ने बहुत उत्कंठा और विश्वास से औपनिवेशिक ताकतों से आजादी पाने का सपना देखा और एक दिन उसे हकीकत में बदल दिया।

सफलता के लिए सबसे महत्त्वपूर्ण है एक सपना—आपके अंदर की तीव्र, प्रेरक शक्ति! अपने आपको विस्तृत करने के लिए पहला नियम है—गंभीरता से सपना देखना। निरर्थक इच्छा की बजाय स्पष्ट सपना देखें। इंग्लैंड के खिलाफ ऐतिहासिक टेस्ट मैच जीतने के बाद युवराज सिंह ने कहा—''मैंने हमेशा सपना देखा था कि एक दिन मैं सचिन तेंदुलकर (जो दूसरे छोर पर उनके साथी थे) के साथ एक टेस्ट मैच जीतूँगा, और मैंने यह कर दिखाया।''

किसी ने ठीक ही कहा है—“लोग महान् नहीं होते, सिर्फ सपने महान् होते हैं।” जब आप कोई सपना चुनते हैं तो वही सपना आपकी नियति तय करता है। इसलिए अपने सपनों को बुद्धिमत्ता से चुनें और उसे पूरा करने का अपना सर्वाधिक प्रयास करें।

□

2

ऊँचे लक्ष्य निर्धारित करें

जीवन में ऊँचे लक्ष्य रखना और फिर उन्हें पूरा करने में जी-जान लगा देना बहुत महत्त्वपूर्ण है। वर्ष 2002 में मैंने अपनी आँखें पूरी तरह ग्रासिम मिस्टर इंडिया प्रतियोगिता पर टिका दीं। उस समय मैं हार्पर कॉलिंस पब्लिशर्स में एक संपादक था। मेरा काम आम तौर पर शाम 8 बजे समाप्त होता, जिसके बाद मैं जिम जाता, 11 बजे तक वर्कआउट करता, मध्य रात्रि तक घर पहुँचता, अपना भोजन खुद बनाता और 1 बजे तक खाता, कुछ पढ़ता, 2 बजे के आसपास सोता और अगले दिन ऑफिस जाने के लिए 7 बजे जग जाता। मैंने यह थकाऊ दिनचर्या छह महीने तक रखी, जिसके दौरान मैं खुद को जितना अधिक जोर दे सकता था, मैंने दिया। हर दिन अपने आपको थोड़ा-थोड़ा और धकेलता। आज जब मैं मुड़कर देखता हूँ तो मुझे महसूस होता है कि मैं वह सिर्फ इसलिए कर पाया, क्योंकि मेरा एक लक्ष्य था—टॉप 3 में होना। मैंने अपने आपको इष्टतम तक खींचा और उसका फल मिला। 15,000 प्रतियोगियों में मैं दूसरे स्थान पर आया। पीछे देखता हूँ तो मुझे लगता है कि काश, मैंने अपना लक्ष्य और ऊँचा रखा होता, सिर्फ टॉप 3 में आने की बजाय प्रतियोगिता जीतने का लक्ष्य रखता!

लक्ष्य का निर्धारण मेरे लिए बहुत स्वाभाविक है। बड़े होते समय मैंने अपने दिमाग में यह खेल रचा था—अगर मैं सड़क पर चल रहा होता और कोई विपरीत दिशा से आ रहा होता तो मैं मन में हमारे बीच का एक बिंदु (कोई खंभा, कोई कार या कोई रेखा) निर्धारित कर लेता और खुद को चुनौती देता कि अगर मैं उस व्यक्ति से पहले उस बिंदु को पार कर जाऊँगा तो उस समय मेरा जो भी लक्ष्य होगा (स्कूल

की मेरिट लिस्ट में आने जैसी सामान्य चीजें या किसी लड़की को प्रभावित करने जैसी हास्यास्पद चीजें), उसमें मुझे जरूर कामयाबी मिलेगी। या अगर मैं कोई निबंध लिख रहा होता तो मैं घड़ी देखकर अपने आपको केवल पाँच मिनट देता और अपने आप से वादा करता कि अगर मैंने समय से उसे पूरा कर लिया तो मेरे लक्ष्य में सफलता मिलेगी। यह खेल मेरे बड़े होने के दिनों में एक दीवानगी जैसा था और आखिरकार वह इस हद तक मेरी अवचेतना में समाहित हो गया कि आज भी मैं बहुत स्वाभाविक रूप से अपने लिए कोई नया लक्ष्य या चुनौती निर्धारित कर पाता हूँ या खुद को विस्तृत करता हूँ। इससे मुझे अकथनीय ऊर्जा मिलती है। मैं जोर देकर कहता हूँ कि आप अपने लिए कुछ ऐसा ही करें। परिणाम तात्कालिक नहीं भी हो सकते हैं, लेकिन आखिरकार आप हैरान होंगे कि आप क्या बन गए हैं! इसे आजमाएँ—यह कारगर है।

जी ई कंपनी का उद्‌देश्य था—उनके द्वारा दी जा रही सभी सेवाओं में दुनिया के हर बाजार में नं. 1 या नं. 2 बनना। उन्होंने उस लक्ष्य को पूरा करने के लिए अथक मेहनत की और उसे पूरा किया। लगभग हर चैंपियन और उत्कृष्ट परफॉर्मर का लक्ष्य बहुत ऊँचा होता है। हमेशा ऊँचा लक्ष्य रखना उन्हें लगातार तरक्की के लिए प्रेरित करता है। एक पर्वतारोही के लिए एकमात्र महत्त्वपूर्ण लक्ष्य सबसे ऊँची चोटी पर चढ़ना है। सिर्फ बेस कैंप तक पहुँचना या मात्र आधी चोटी तक पहुँचने का लक्ष्य रखने में क्या अच्छा है? इसी प्रकार एक एथलीट या रेस ड्राइवर के लिए लक्ष्य तब तक अपूर्ण रहता है जब तक वह फिनिश लाइन तक नहीं पहुँचे। सिर्फ शुरुआत करने और आधे रास्ते तक जाने का लक्ष्य कौन रखता है? एक ओलंपिक खिलाड़ी के लिए सबसे ऊँचा लक्ष्य स्वर्ण-पदक हासिल करना होगा। सिर्फ फाइनल में पहुँचने से क्या होगा? इसी तरह, हर व्यक्ति को सबसे ऊँचे लक्ष्य पर नजर रखनी चाहिए। औसत दर्जे की सफलता और आधे उपायों से संतुष्ट होना पाप है। अपना लक्ष्य बहुत ही ऊँचा रखें और उस तक पहुँचने के लिए खुद को पूरी तरह खींचें, जो सिर्फ आप ही कर सकते हैं।

□

3

कोशिश जारी रखें...

रोजर बैनिस्टर ने एक बार कहा था—"जो व्यक्ति प्रयास के पीड़ादायक होने के बाद अपने आपको और आगे ले जा सकता है, वह अवश्य विजयी होगा।" यह कहा जा सकता है कि वायु के लिए ऑक्सीजन का जो महत्त्व है, वही महत्त्व सफलता में अनवरत प्रयास का है। थॉमस अल्वा एडिसन पहले या 100वें प्रयोग पर रुक सकते थे, लेकिन उन्होंने ऐसा नहीं किया। वह अपने आपको खींचते हुए उस बिंदु तक ले गए, जब वह आखिरकार कामयाब हुए, और वह भी 10,000 प्रयोगों के बाद।

इसके बाद उन्होंने परफेक्ट अल्कलाइन बैटरी के लिए और 50,000 प्रयोग किए और परफेक्ट फोनोग्राफ बनाने में 52 साल लगाए। जब उनसे इसका रहस्य पूछा गया तो उन्होंने कहा—"जीनियस बनने के लिए 1 प्रतिशत प्रेरणा और 99 प्रतिशत पसीने की जरूरत होती है।" ओरविल और विल्बर राइट ने 1,000 बार उड़ने की कोशिश की, लेकिन विफल रहे। परंतु उन्होंने कभी अपनी कोशिश नहीं छोड़ी। मेरी एक पसंदीदा पुस्तक का शीर्षक बहुत दिलचस्प है—'सफलता अनंत होती है, विफलता कभी अंतिम नहीं होती'। यह कितना सच है और कितने बढ़िया तरीके से यह हमें कोशिश का महत्त्व बताता है। किसी भी खेल में वह टीम विजेता होती है, जो अपने हाथ खड़े करने से इनकार कर देती है और सभी कठिनाइयों के खिलाफ लड़ती है। जे.के. रौलिंग (आज विश्व की सबसे अमीर लेखिका) की आर्थिक स्थिति कभी कमजोर थी और उन्हें अपनी छोटी सी बेटी की देखभाल खुद करनी पड़ती थी। एक पुराने मैनुअल टाइपराइटर पर पाँच वर्षों तक काम करने (और

कहीं पर भी अपनी बेटी के सोने पर लिखने) के बाद उन्होंने हैरी पॉटर की कहानी प्रकाशन के लिए दी। बार-बार की कोशिश व्यर्थ हुई और पांडुलिपि को बारह बार अस्वीकृत किया गया। समीक्षा करने को एक संपादक ने उन्हें दिन की नौकरी करने तक को कहा, क्योंकि उसे लगा कि उनमें पैसे कमाने की कोई क्षमता नहीं है। लेकिन रौलिंग ने अपनी कोशिश नहीं छोड़ी। आखिरकार तेरहवें प्रयास में वह सफल हुईं। और आज वह दुनिया की पहली अरबपति लेखिका बन गई हैं। यह सब डटे रहने की ताकत की बदौलत है। किरण मजूमदार शॉ को सात बार इस कारण बैंक ऋण देने से मना कर दिया गया कि वह एक महिला उद्यमी हैं। बिना घबराए उन्होंने अपनी 10,000 रुपए की कुल पूँजी लगाई और अपने गैराज में दो कर्मचारियों के साथ शुरुआत की। आज तीन दशकों के अंदर बायोकॉन की अध्यक्ष के रूप में वह 2,100 करोड़ रुपए के टर्नओवर के साथ भारत की सबसे अमीर महिला बन गई हैं। इसी तरह सबीर भाटिया को हॉटमेल शुरू करने के लिए 19 जोखिम पूँजीवादियों ने पूँजी देने से मना कर दिया, जिसके बाद ड्रेपर फिशर जुरवटसन ने उन्हें पूँजी देने की सहमति दी। अपने पहले उपन्यास 'द व्हाइट टाइगर' के लिए प्रतिष्ठित बुकर पुरस्कार जीतने के बाद अरविंद अडिगा ने कहा—''मैं उम्मीद करता हूँ कि सभी युवा और पहली बार लिखनेवाले लोग, जिन्हें मेरी तरह बार-बार खारिज किया गया है, इससे प्रेरणा लेंगे और फिर कोशिश करेंगे। कभी हिम्मत नहीं हारनी चाहिए।''

धुन किसी भी चीज की हो सकती है—जिस व्यक्ति से आप प्यार करते हैं उसे प्राप्त करने की, किसी विचार पर काम करने की, किसी पसंदीदा लक्ष्य को प्राप्त करने की, एक व्यक्तिगत आदत को बदलने की। कुछ को शराब या सिगरेट छोड़ने के लिए भी उतनी ही दृढ़ता की जरूरत होती है जितनी दूसरों को लाखों-अरबों रुपए कमाने के लिए। अधिकतर लोग इसलिए अपने सपनों को पूरा नहीं कर पाते, क्योंकि वे आसानी से हार मान लेते हैं। डटे रहने से आप किसी भी लक्ष्य को प्राप्त कर सकते हैं या किसी भी ऊँचाई तक पहुँच सकते हैं। अपने लक्ष्यों और जीवन के बारे में दीवानगी रखें और कभी हार न मानें। हममें से अधिकतर लोगों ने अपनी प्राथमिक कक्षा में मकड़ी और राजा ब्रूस के बारे में कहानी पढ़ी होगी, वह हमें जीवन के सबसे बड़े सबक को सिखाने के लिए थी—'कोशिश करो, बार-बार कोशिश करो और एक दिन जीत तुम्हारी होगी'। सोचिए कि अगर आप एक दिन अच्छी तरह ड्राइविंग नहीं कर पाते तो आप ड्राइविंग छोड़ नहीं देते। अगर आपका

पेट ठीक नहीं है तो आप खाना नहीं छोड़ देते। अगर आपको साँस लेने में परेशानी हो रही है तो आप साँस लेना नहीं छोड़ देते। अगर आपके शरीर में दर्द है तो आप उसे त्याग नहीं देते। अगर आपके बच्चे गलत व्यवहार कर रहे हैं तो आप उन्हें सड़क पर नहीं छोड़ देते। यही स्थिति आपके जीवन और आपकी आकांक्षाओं की है। सिर्फ इसलिए कि आपको एक बार हारना पड़ा है, इसका यह अर्थ नहीं कि आप सपने देखना छोड़ दें। सिर्फ इसलिए कि किसी ने आपके साथ अनुचित व्यवहार किया है, आप मानवता की अच्छाई पर भरोसा करना नहीं छोड़ देते। सिर्फ इसलिए कि आपका एक लक्ष्य पूरा नहीं हुआ, इसका यह अर्थ नहीं कि आप हमेशा के लिए अपने लक्ष्यों को छोड़ दें। त्वरित तुष्टि के इस युग में यह दुनिया अब भी उन्हीं लोगों की है, जो अल्पकालीन नुकसान या लाभ, पराजय या विजय से प्रभावित हुए बिना उसमें डटे रहते हैं। नोबेल पुरस्कार विजेता मनोविज्ञानी एलेक्सिस कैरल ने कहा था—"जो लोग आलस्य की चट्टान में छिद्र करके निकल जाते हैं, उनके लिए जीवन कामयाबी की छलाँग मारता है।"

अब तक की सबसे ऐतिहासिक पुस्तकों में से एक 'दि अल्केमिस्ट' के प्रथम संस्करण की सिर्फ 900 प्रतियाँ बिकीं और प्रकाशक ने फैसला किया कि उसे रीप्रिंट नहीं कराया जाएगा। लेकिन लेखक पॉलो कोएलो ने अपना सपना नहीं छोड़ा—वह उस पुस्तक को दूसरे प्रकाशन गृह में ले गए और बाकी जैसा कि कहते हैं, इतिहास है। पुस्तक जल्दी ही दुनिया भर में प्रसिद्ध हो गई। वह 61 भाषाओं में अनूदित हुई और अब तक की सबसे अधिक बिकनेवाली पुस्तकों में एक हो गई। 'स्लमडॉग मिलिनेयर' निर्माण के स्तर पर पैसों की कमी से जूझ रहा था, शूटिंग खत्म होने से पहले उसके कुछ मुख्य तकनीशियन छोड़कर चले गए और उसे एक सीमित रूप में सीधे डी.वी.डी. पर रिलीज किया जाना था। लेकिन कास्ट और क्रू के सामूहिक प्रयास से सभी कठिनाइयों पर काबू पा लिया गया। फिल्म ने दुनिया भर के बॉक्स ऑफिस पर तहलका मचा दिया और आखिरकार आठ ऑस्कर जीते। जब नेपोलियन हिल ने अमेरिका के 500 सबसे कामयाब लोगों से बात की तो उन्होंने पाया कि उन सब में एक चीज समान है—उनकी सबसे बड़ी सफलता हार से सिर्फ एक कदम दूर थी। वे कामयाब हुए, क्योंकि वे डटे रहे। या जैसा कि किसी ने कहा है—"वे लगातार आगे बढ़ते रहे।"

□

4

खुद पर भरोसा रखें

वाल्ट डिज्नी ने कहा था—''सपनों को साकार करने का राज है—जिज्ञासा, आत्म-विश्वास, साहस और निष्ठा, जिनमें सबसे महत्त्वपूर्ण है आत्म-विश्वास।'' विकास के पथ पर आगे की ओर प्रेरित करनेवाले सबसे बड़े कारकों में एक है—आत्म-विश्वास। ''मैं कुछ भी कर सकता हूँ'', यह भाव होना बहुत महत्त्वपूर्ण है। खुद को सबसे अधिक आत्मविश्वासी बनाएँ और फिर चमत्कार होते देखें। मैं जितने लोगों से मिला हूँ, उनमें सबसे संतुष्ट लोग वे हैं, जो अपनी सफलता के प्रति आश्वस्त और सबसे अधिक सहज होते हैं। उनकी क्षमता इतनी अधिक व्यक्त होती है कि ऐसा लगता है कि उन्हें कोई चीज हिला नहीं सकती। किसी ने एक बार उपयुक्त ही कहा है—''लोग अपनी क्षमताओं पर संदेह करते हैं, अपनी कमजोरियों पर नहीं।'' अपनी कमजोरियों को ग्रहण करते हुए और अपनी क्षमताओं को कमतर बताते हुए संदेही थॉमस न बनें। हालाँकि अपनी कमजोरियों को सुधारना महत्त्वपूर्ण है, आत्म-विश्वास का सबसे महत्त्वपूर्ण तत्त्व अपनी अनूठी क्षमताओं और शक्तियों को पहचानना और उन पर विकास करना है। अपने गुणों को सामने लाएँ और आप स्वतः आत्म-विश्वासपूर्ण और सशक्त महसूस करेंगे।

आत्म-विश्वास भी अपने आपको इष्टतम स्तर तक ले जाने के दूसरे पहलुओं की तरह एक अंतर्निहित प्रक्रिया है। यह एक आंतरिक प्रक्रिया है। यह एक उत्तम गुण है—अगर वह आपके चेहरे पर दिखता है तो वह घमंड बन सकता है। उसे अंदर से प्रेरित होना चाहिए। अधिकतर लोग आत्म-विश्वास को एक ऊपरी प्रक्रिया मानते हैं। उन्हें लगता है कि बाहरी व्यक्तित्व या प्रतीक आत्म-विश्वास को प्रेरित

करते हैं और वह इस बात पर निर्भर करता है कि आप कौन सी कार ड्राइव करते हैं, कौन से ब्रांड पहनते हैं और आप किनके साथ रहते हैं। हालाँकि इन सबका आत्म-विश्वास पर असर पड़ता है, लेकिन असली आत्म-विश्वास इस बारे में नहीं है। वह उस केंद्रीय, दीप्तिमान व्यक्तित्व से संबंधित होता है, जो स्वतंत्र और प्रतीकों से परे होता है—एक ऐसा व्यक्तित्व, जो हमेशा चमकता है, चाहे आप झुग्गी में हों या पॉश विला में, जो आकर्षित करता है, चाहे आप सस्ते कपड़ों में हों या डिजाइनदार कपड़ों में, जो अपनी ओर खींचता है चाहे आप किसी भी लहजे और भाषा में बोल रहे हों—वास्तव में वह हर समय सम्मोहित करता है, चाहे आप बोल भी रहे हों या नहीं! मैं अकसर अपने मित्रों से विनम्रतापूर्वक बोलता हूँ—"जब मेरे पास कुछ नहीं था, मेरे पास सिर्फ आत्म-विश्वास था और आज जब मेरे पास सबकुछ है, मेरे पास सिर्फ आत्म-विश्वास है।" आत्म-विश्वास बढ़ाने के लिए हमें सिर्फ अपने अंतर्मन के संपर्क में रहना पड़ता है, उस भीतरी आवाज के संपर्क में, जो अत्यंत शक्तिशाली है। बाहरी दुनिया के शोरगुल को भूल जाएँ और अपने अंदर मौजूद संपन्नता के अथाह सागर में गहराई तक तैरें। जीवन में अपने ऊपर भरोसा करना बहुत महत्त्वपूर्ण है। मार्क ट्वेन ने एक बार कहा था—"एक व्यक्ति अपनी ही सहमति के बिना सहज नहीं हो सकता है।" जिस प्रकार आपका शरीर अमूल्य है, उसी तरह आपका आंतरिक महत्त्व बेहिसाब है। उसे अपनी क्षमता से विकसित करें और उन लाभों को प्राप्त करें, जिनकी आपने अभी तक कल्पना भी नहीं की होगी। □

5

ज्यादा की उम्मीद करें

किसी ने उचित ही कहा है—"अगर आप किसी चीज की उम्मीद करते हैं तो वह जरूर होगा।" कुछ लोगों को जीवन में अधिक-से-अधिक मिलने की वजह है कि वे जीवन से अधिक उम्मीद करते हैं। या शायद वे जीवन से अधिकतम उम्मीद करते हैं, उन कुछ लोगों के विपरीत, जो सोचते हैं कि जीवन में उनके लिए कुछ भी नहीं है। सबसे सफल लोग मानते हैं कि उनके साथ सबसे अच्छा होगा; वे उम्मीद करते हैं कि उन्हें दुनिया की हर दौलत मिल जाए। और चामत्कारिक रूप से होता यही है। यह किसी रेस्तराँ में जाने और अच्छे भोजन की उम्मीद करने जैसा है। आप उस तरह की उम्मीद को पूरी तरह उचित और तार्किक कहेंगे, है न? लेकिन क्या होगा, अगर आप घटिया भोजन और सेवा की उम्मीद करते हुए जाएँ? फिर "कुछ भी चलेगा" मानसिकता स्थायी हो जाती है और आपको वही मिलता है; क्योंकि आपको साधारण गुणवत्ता से कोई फर्क नहीं पड़ता। वास्तव में आप उसी की उम्मीद करके गए थे।

जिस प्रकार आप अपने आस-पास और अपने वातावरण से अधिक उम्मीद करते हैं, अपने जीवन से भी अधिक उम्मीदें रखें। अपने आपसे अधिक की आशा करें। सोचें कि आप और बेहतर के हकदार हैं, कि आप और बेहतर करने में सक्षम हैं, कि सबकुछ यथासंभव बेहतरीन मानदंड का है। उम्मीद करें कि आपके सारे सपने सच हो रहे हैं और आपके सभी लक्ष्य पूरे हो रहे हैं। उम्मीद करें कि आप खुश हैं और आपके आस-पास के सभी लोग खुश हैं। उम्मीद करें कि आपकी राह में सिर्फ सर्वोत्तम हो रहा है। उम्मीद करें कि लोग आपकी मदद के लिए खुद हाथ बढ़ा

रहे हैं। उम्मीद करें कि ब्रह्मांड और उसके सभी तत्त्व आपकी मदद कर रहे हैं। उम्मीद करें कि आप ईश्वर के पसंदीदा बालक हैं और वह आपके लिए सबसे अच्छा जीवन चाहता है। आप जो भी करते हैं, सोचते हैं, महसूस करते हैं और अनुभव करते हैं। उसमें संपूर्ण समरूपता तथा व्यवस्था और सामंजस्य की उम्मीद करें। हमेशा यह याद रखें कि आपका जीवन आपकी उम्मीदों के अनुरूप होगा। यह सच है कि कभी-कभार आप निराशा महसूस करते हैं, कभी-कभार आपको कठिनाइयों का सामना करना पड़ सकता है, कभी-कभार आपको दबाव महसूस हो सकता है, कभी-कभार आपको आपका अपेक्षित लाभ नहीं मिल सकता है। लेकिन आप निराश न हों। चाहे जो भी कठिनाइयाँ आएँ, आप अपनी उम्मीदों को कभी कम न करें। हमेशा लहर के अपने पक्ष में मुड़ने की उम्मीद करें। हमेशा फायदे की उम्मीद करें। हमेशा अधिक की उम्मीद करें। अगर आप नहीं करेंगे तो कौन करेगा?

ईश्वर की कृपा से हम कुछ भी प्राप्त कर सकते हैं। हालाँकि हम माध्यम हैं, जिनके द्वारा उसकी कृपा प्रवाहित होती है। आवश्यकता है कि हम उम्मीद करें, ढीले-ढाले रूप में नहीं बल्कि दृढ़ता से, कि हम जो भी इच्छा करेंगे, वह पूरी होगी। मनोवैज्ञानिकों ने लंबे समय से उम्मीद के सकारात्मक प्रभावों को साबित किया है। यहाँ तक कि दुःसाध्य रोगियों को भी जब उन्हें बिना बताए कुछ दिया गया और उसे दवाई बताई गई तो वे ठीक हो गए। कैसे? आशा की शक्तिशाली क्षमता के कारण। उन्हें लगता है कि चूँकि उन्हें दवाई दी गई है, वे ठीक हो जाएँगे। और ऐसा ही होता है। लेकिन किसी शारीरिक उपचार के कारण नहीं बल्कि आशा के उस चमत्कार के कारण, जो पहाड़ों को भी हिला देती है। बेन स्वीटलैंड ने एक बार कहा था—"यह दुनिया संपन्नता और अवसर से भरपूर है, लेकिन बहुत से लोग जीवन के झरने में एक छलनी लेकर जाते हैं, बड़े बेलचों की जगह एक छोटा सा चम्मच लेकर जाते हैं। वे बहुत कम की उम्मीद करते हैं और उसका नतीजा यह होता है कि उन्हें कम ही मिलता है।" इसलिए बेहतरीन की उम्मीद करें और आश्वस्त रहें कि वह आपके पास जरूर आएगा।

□

6

तुरंत काम करने की आदत डालें

सुनील भारती मित्तल ने एक बार कहा था—"अगर आप गति और प्रवीणता के बीच दुविधा में हैं तो हमेशा गति चुनें और पीछे-पीछे प्रवीणता भी आ जाएगी।" जब भी आपके मन में जीवन में कुछ महत्त्वपूर्ण करने का उत्साह आए तो तुरंत उस पर अमल करें। अधिकांश मानव-उत्पादकता सिर्फ इसलिए बरबाद हो जाती है, क्योंकि लोग आज-कल करते हैं। टालमटोल उत्पादकता के लिए अभिशाप है। सदियों पहले कबीर ने कहा था—"काल करै सो आज कर आज करै सो अब, पल में परलय होएगी बहुरि करैगो कब।"

अधिकतर लोग भविष्य के इंतजार में बैठे रहते हैं। वे सही समय का इंतजार करते हैं, कभी-कभी तो अनंतकाल तक। उनकी योजनाएँ फलीभूत होने के बजाय विलंबित हो जाती हैं। धीरे-धीरे उपयुक्त समय के इंतजार में उनका उत्साह मर जाता है और वे कोशिश करना छोड़ देते हैं। उद्देश्य को तेजी के साथ तुरंत काररवाई करना किसी भी महत्त्वपूर्ण लक्ष्य को हासिल करने का एकमात्र तरीका है। हो सकता है कि उस कार्य को फलीभूत होने में कुछ समय लगे, लेकिन कम-से-कम आपने अपना काम कर दिया होता है। आप जो भी करें, वर्तमान समय को अपनी प्राथमिकता बनाएँ। यहीं और अभी आप कुछ महत्त्वपूर्ण कर सकते हैं। जो लोग सबसे अधिक सफल होते हैं, उनमें अधिकतर वे लोग होते हैं, जो अवसर देखते ही उसी पल काम करते हैं। वे आराम से बैठकर सफलता के आने की प्रतीक्षा नहीं करते। सही कहा जाए तो शायद ही कोई उपयुक्त समय होता है। किसी-न-किसी चीज की हमेशा कमी होती है। जैसा कि कहा गया है—"सितारों के लिए

आसमान को मत खो दो''। एक निष्पक्ष आकलन करें कि आपके पास क्या है? एक योजना बनाएँ और फिर उसके पीछे हाथ धोकर पड़ जाएँ। तात्कालिकता के साथ काम करने पर आपको उसका लाभ मिलता है।

अध्याय 1 के उप-अध्याय 2 'विचारों को खोदकर निकालें' में हमने उल्लेख किया था कि किस प्रकार जे.के. रौलिंग, सिल्वेस्टर स्टेलोन और जयदीप साहनी को क्रमशः 'हैरी पॉटर', 'रॉक' और 'चक दे इंडिया' का आइडिया मिला। यह देखना बहुत महत्त्वपूर्ण है कि इन विचारों को इतनी भारी सफलता कैसे मिली—वह इसलिए, क्योंकि इन लोगों ने अपने विचारों पर भरोसा रखा और तुरंत उस पर काम किया—जे.के. रौलिंग ने मैनचेस्टर से लंदन की ट्रेन-यात्रा के बाद अपने घर पहुँचने के तुरंत बाद 'हैरी पॉटर' लिखना शुरू कर दिया। सिल्वेस्टर स्टेलोन ने जिस दिन चैंपियनशिप की न्यूज क्लिप देखी, उसी दिन 'रॉकी' की कहानी लिखनी शुरू कर दी। इसी तरह जयदीप साहनी ने भारतीय महिला हॉकी टीम के बारे में अखबार में छपी खबर पढ़ने के तुरंत बाद 'चक दे इंडिया' की पटकथा लिखनी शुरू की।

मेरी पहली पुस्तक 'मॉडल ड्रीम्स' ऐसे ही लिखी गई थी। ग्रासिम मिस्टर इंडिया के तुरंत बाद मैं एक पार्टी में था, जब एक लड़का मेरे पास आया और मुझसे पूछा कि उसे इस प्रतियोगिता के लिए कैसे तैयारी करनी चाहिए और क्या इसकी तैयारी के लिए कोई सामग्री/पुस्तक है? इसने मुझे सोचने पर मजबूर कर दिया। कितना अच्छा हो, अगर एक पुस्तक भावी प्रतियोगियों को इस प्रतिस्पर्धा की तैयारी की प्रक्रिया से अवगत कराए! उसी रात मैं घर लौटा और लिखना शुरू कर दिया। चार महीनों के अंदर वह पुस्तक तैयार हो गई। इटियन मैबिलियर ने एक बार कहा था—''मैं उम्मीद करता हूँ कि मैं किसी राह को एक बार ही पार करूँगा—इसलिए मैं जो भी अच्छा कर सकता हूँ, मुझे अभी करने दो। मैं उसे टालना या उपेक्षित नहीं करना चाहता, क्योंकि मैं इस राह से फिर नहीं गुजरूँगा।'' दीपक चोपड़ा ने भी एक मजेदार बात कही है—''भूतकाल इतिहास है, भविष्य रहस्य है और यह क्षण एक उपहार है। इसीलिए इसे प्रजेंट कहा गया है।'' अद्‌भुत! तो चलिए, हम सब अपने 'उपहारों' का इस्तेमाल करें और उनकी क्षमता का अधिकतम प्रयोग करें। हम जो भी करना चाहें, तत्काल प्रभाव से उस पर काम शुरू करते हुए उसे गति दें। जैसा कि जोआन वॉन गोथे ने कहा है—''आप जो भी कर सकते हैं या सपना देख सकते हैं, उसे शुरू करें। साहस में शक्ति और चमत्कार है, उसे अभी शुरू करें।''

□

7

केवल आगे की ओर देखें पीछे नहीं

दुनिया उन लोगों की है, जो पुरानी उपलब्धियों से संतुष्ट होकर नहीं बैठे रहते। अगर ऐसा करें तो हम नीरस हो जाएँगे। इसकी बजाय आपको रोज यह महसूस करना चाहिए कि आप नई शुरुआत कर रहे हैं, कि आपको कुछ नया करना है। जैसा कि किसी ने कहा है—''जो पत्थर लुढ़कता नहीं रहता, उस पर काई जम जाती है।''

बहुत से लोग जहाँ भी जाते हैं, अपने अतीत का बोझ लिये हुए जाते हैं। इसलिए वे थके हुए और बोझ से दबे हुए होते हैं। ऊँचाई पर चढ़ने और भविष्य की ओर बढ़ने के लिए हलका और बंधनमुक्त होना जरूरी है। इसलिए एक खूबसूरत भविष्य की तलाश में सबसे पहले वर्तमान को अपनाएँ और अतीत को जाने दें। अपने भविष्य की ओर बढ़ने का अर्थ अपने अतीत को छोड़ना नहीं है, बल्कि उससे दोस्ती करना है। अधिकतर लोग अतीत से बुरी तरह जकड़े हुए होते हैं और लगातार इस बात का रोना रोते हैं कि ''वे दिन कितने अच्छे थे''। वे खुशी-खुशी अपनी यादों के प्रति आत्म-समर्पण कर देते हैं; जो था, उसकी चाह करते हैं और जो है, उससे बेखबर होते हैं। इसके अलावा, अधिकतर लोग अपनी पूरी जिंदगी कड़वाहट और गुस्से को ढोते रहते हैं। आगे बढ़ने का एक बहुत महत्त्वपूर्ण पहलू क्षमा करना है। चलिए, उसका एक उदाहरण देखें—अगर कोई फूड पॉयजनिंग से पीड़ित है तो वह तब तक ठीक नहीं होगा, जब तक कि उसके पाचन तंत्र से विषैले तत्त्व न निकाले जाएँ और उसके शरीर को शुद्ध न किया जाए। इसी तरह अगर आपका कोई बुरा अनुभव रहा है या किसी ने आपके साथ गलत व्यवहार किया है तो आप तब

तक खुश नहीं रहेंगे, जब तक आप उसके साथ सुलह न कर लें और आगे न बढ़ें। पुरानी कड़वाहट को क्षमा में बदलकर ही आप शांतिपूर्वक जीवन में आगे बढ़ सकते हैं।

हर किसी का एक अतीत होता है, एक ऐसा इतिहास जो कुछ अप्रिय घटनाओं से भरा होता है। उन अप्रिय यादों से ऊपर उठना ही विवेक-सम्मत है। उसे जाने दें—किसी भारी बोझ की तरह उसे पटक दें। जैसा कि सैंडी कोरशन ने एक बार कहा था—"आप आज के साथ नहीं रह सकते, अगर कल आपको घूर रहा हो।" जिस पल आपने अपने अतीत को अपनी चेतना से निकालने का फैसला कर लिया, आप अपने अंदर एक अद्‌भुत शक्ति महसूस करेंगे। आप ब्रह्मांड की उदारताओं में अपना हिस्सा लेंगे और सारी लौकिक सुविधाएँ आपके पास आ जाएँगी, जो आपके लिए ही थीं।

भविष्य की ओर बढ़ने का एक महत्त्वपूर्ण काम बदलाव और उससे होने वाले रूपांतरण को गले लगाना है। निर्भय होकर तथा बहादुरी से आगे बढ़ें और यह समझकर सुरक्षित महसूस करें कि जो भी होता है, अच्छे के लिए होता है। यह जानते हुए सितारों की ओर हाथ बढ़ाएँ कि आपके पैरों के नीचे की जमीन सुरक्षित और मजबूत है। पूरे मन से आगे बढ़ें, आधे मन से नहीं। अतीत की बाधाओं को अपने मन से हटा दें। सिर्फ वर्तमान और अत्यंत आशाजनक भविष्य के लिए जगह बनाएँ। और हमेशा याद रखें, जो जोएल ओस्टीन ने एक बार कहा था—"हमारा सबसे बड़ा दिन आगे है, पीछे नहीं।"

□

8

अपना रास्ता स्वयं बनाएँ

टोनी रॉबिंसन ने कहा था—"अगर आप बड़ी सफलता प्राप्त करना चाहते हैं तो आपको स्वयं को अपनी सीमाओं से परे धकेलना होगा। आपको खुद को उत्साहित करना है और अपने आपको एक उच्च मानसिक अवस्था में ले जाना है। और आपको यह सब स्वयं करना है। कोई और आपके लिए यह नहीं कर सकता।" हममें से सबसे सफल लोग खुद अपने आपको प्रेरित करते हैं। जो खुद पहल करते हैं, वे दूसरों से धक्के या प्रेरणा की प्रतीक्षा नहीं करते। उनके मानदंड स्व-परिभाषित और बाहरी शक्तियों से स्वतंत्र होते हैं।

खुद शुरुआत करनेवाले के रूप में आप अपने ही उत्साह से प्रेरित होंगे। आप उतने ऊँचे पहुँचेंगे जितना आप चाहते हैं और जितनी दूर आप जाना चाहते हैं। लेकिन चूँकि कोई आपकी उँगली पकड़कर आपको नहीं ले जाएगा, आपको उसकी शुरुआत खुद करनी होगी। और उसके अंत में अगर आप लाभ की ओर देखें तो वे अपरिमित होंगे—आप खुद अपने लियोनार्दो द विंची होंगे, अपनी ही कृति के स्रष्टा! अगर आपका जीवन और आपके लक्ष्य दूसरों की आकांक्षाओं के रंग से भरे होंगे तो आपकी वैयक्तिकता कैसे अभिव्यक्त हो पाएगी? इस पृथ्वी पर हर कोई अपनी जीवनी-शक्ति, अपना आध्यात्मिक ब्लूप्रिंट अभिव्यक्त करने के लिए आया है। जब आप किसी चीज की पहल स्वयं करते हैं तो चाहे आप कितनी भी या कितनी भी कम सफलता प्राप्त करें, आपको हमेशा यह संतुष्टि होगी कि सफलता सिर्फ आपकी है। आप अपने ही संगीत पर नृत्य करेंगे, जो सबसे प्यारा होता है। कहा जाता है कि "हजार मीलों का सफर एक कदम से शुरू होता है" और

शुरुआत करनेवाले व्यक्ति में ही उस कदम को उठाने का साहस और प्रतिबद्धता होती है। वे न तो विफलता से डरते हैं और न ही गिरने से। उनमें आत्म-विश्वास की भावना और उद्‍देश्य की दृढ़ता होती है।

रशेल रूबेन ने एक बार कहा था—''विकास एक जैविक प्रक्रिया है। एक बार आप कुछ शुरुआत कर दें तो वह निश्चित रूप से आपको कहीं-न-कहीं ले जाएगा।'' सबसे महत्त्वपूर्ण चीज है शुरुआत करना। एक बार शुरुआत करने पर गति स्वयं बन जाती है। लेकिन आपके लिए सबसे महत्त्वपूर्ण उसे गति पकड़ाना है। आपको रास्ता दिखाने या आपका पथ-प्रदर्शन करने के लिए दूसरों का इंतजार न करें, बल्कि खुद रास्ता बनाएँ। अगर आप रोशनी नहीं देख पा रहे हैं तो अपनी मशाल खुद जलाएँ और रास्ता खोजें। जैसा कि पॉलो कोएलो ने कहा है—''आप सिर्फ गेट को देखते हुए किसी रास्ते के सौंदर्य के बारे में नहीं बता सकते।'' आप जो भी करना चाहते हो, कम-से-कम उसकी प्रक्रिया तो शुरू करें। आपको हैरानी होगी कि किस तरह सारे संसाधन आपकी ओर खिंचने शुरू हो जाते हैं! सही लोग आपकी ओर आकृष्ट होंगे, सही अवसर आपके सामने आएँगे, सही रास्ते खुलेंगे। मानो आपको दिल्ली से चंडीगढ़ जाना हो, जब तक आप अपने वाहन में प्रवेश नहीं करते और सफर की शुरुआत नहीं करते, आप वहाँ कैसे पहुँचेंगे? यही बात जीवन की है। आपके और आपके सपनों के बीच की दूरी सिर्फ आप निर्धारित करते हैं। आप जब तक टालमटोल करेंगे, दूरी उतनी ही बढ़ती जाएगी। इसलिए जिस पल आपके अंदर किसी विचार या किसी सपने पर काम करने का जोश आए या प्रेरणा महसूस हो तो तुरंत काररवाई करें। शुरुआत कर दें। सिर्फ आप ही यह कर सकते हैं। यह सही कहा गया है—''कुछ लोगों पर महानता लादी जा सकती है, लेकिन किसी पर उत्कृष्टता नहीं लादी जा सकती!'' आपको उसे खुद प्राप्त करना होगा—प्रयास, प्रतिबद्धता और उद्‍देश्य की दृढ़ता से, और जैसा कि डोनाल्ड ट्रंप कहते हैं—''लगातार अपने ही विद्युत्-प्रवाह का इस्तेमाल करते हुए।''

□

9

अपनी विफलता स्वीकार करें

रात के बिना दिन कैसा होगा? या ओमेगा के बिना अल्फा कैसा होगा? संघर्ष के बिना जीत कैसी होगी? अपूर्ण, है न! इसी तरह एक जीवन अद्‌भुत कैसे होगा, अगर उसमें पराजयों का हिस्सा न हो? मेरे पास एक बार यह बढ़िया एसएमएस आया—"आपने हजारों बार गिरने के बाद पहली बार चलना सीखा। ईश्वर का शुक्र है कि आपने हर बार गिरने को किसी व्यक्तिगत दोष के रूप में नहीं देखा, वरना आप अब भी एक ग्राम में बैठे होते!" इसलिए कभी अपनी असफलताओं को दोष न दें। यहाँ तक कि जो गलतियाँ आपने की होंगी, अनजाने में या जान-बूझकर, वे सब सीखने की प्रक्रिया का हिस्सा हैं। जॉनसन ऐंड जॉनसन के संस्थापक जनरल जॉनसन का यह कथन प्रसिद्ध है—"अगर मैं गलतियाँ नहीं करता तो फैसले नहीं ले पाता।" यह दिमाग में रखें कि इस ब्रह्मांड में कुछ भी अवांछनीय नहीं है। जो भी होता है, वह अपने साथ अवसर लेकर आता है। आपकी सबसे बड़ी असफलताओं में ही आपकी सबसे बड़ी विकास क्षमता होती है।

कई लोग सफलता से इतने अधिक अभिभूत होते हैं कि वे यह भूल जाते हैं कि उसका एक सबसे बड़ा तत्त्व विफलता है। उनका ध्यान गंतव्य पर इतना अधिक लगा होता है कि वे सफर का आनंद लेना भूल जाते हैं। और कोई भी सफर, चाहे आप किसी भी माध्यम से करें, कभी झटके या स्पीड ब्रेकर के बिना पूरा नहीं होता। अपनी असफलताओं का आनंद लेना सीखें। उनसे सीखें। चंद्रमा में भी दाग होता है। हम सब में कमियाँ होती हैं। हालाँकि उन्हें अनदेखा न करना महत्त्वपूर्ण है, लेकिन उन्हें उपेक्षित न करना भी उतना ही उचित है। अपनी त्रुटियों को सहजता से

स्वीकार करें और फिर निष्पक्ष रूप से उन पर काम करें। अपने शुभचिंतकों से सलाह लें और फिर सुधार के उपाय अपनाएँ। स्वयं को विस्तृत करने के लिए सबसे पहले अपने आपको स्वीकार करना होगा। और यह तभी हो सकता है, जब आप एक संपूर्ण चित्र देखें, सिर्फ आकर्षक बातें नहीं। गलतियाँ करना विकास का एक अभिन्न अंग है। जैसा कि एक प्राचीन तिब्बती गुरु ने कहा है—"जो मैं आपसे सिर्फ कहूँगा, वह आप न तो मानेंगे और न ही समझेंगे। सीखने की कला केवल अपने लिए सीखना है। आप अपने लिए जो खोज करेंगे, वह आपकी स्मृति से कभी नहीं जाएगा।' चाहे आप जो पाते हैं, वह आपके लक्ष्य के अनुरूप नहीं है, दिल छोटा न करें। आपकी गलतियाँ आपकी जीतों की तरह आपकी अपनी हैं। उनका तिरस्कार न करें। एक उदाहरण देखते हैं : किसी के दो बच्चे हैं—एक बहुत सुशील है और दूसरा मुँहजोर। माता-पिता दूसरे को छोड़ नहीं देते या उसे बेदखल नहीं कर देते। वे उसे सुधारने की कोशिश करते हैं। यह तभी हो सकता है, जब उसे गले लगाया जाएगा। लेकिन डाँट-फटकार से या रोक लगाने से वह बच्चा और बिगड़ सकता है।

लेकिन गलतियों को स्वीकार करने का यह अर्थ नहीं है कि हम भविष्य में उन्हें दुहराएँ। हमें गलतियों को अनदेखा करने की बजाय उनसे सीखना चाहिए। आप एक चरण में पास होने के बाद ही दूसरे चरण तक पहुँच सकते हैं। और यह तभी होता है, जब आप अपने सबक अच्छी तरह सीखें। जैसा कि अब्राहम लिंकन ने एक बार कहा था—"मेरी सबसे बड़ी चिंता यह नहीं है कि क्या आप असफल हुए हैं, बल्कि यह है कि क्या आप अपनी असफलता से संतुष्ट हैं?"

अपने व्यक्तित्व को संपूर्ण रूप में अपनाएँ और उसमें कोई विभाजन नहीं रह जाएगा। अगर आप सिर्फ दिन की रोशनी चाहते हैं तो सिर्फ आधी तसवीर देख रहे हैं। रात का अपना अलग उद्देश्य होता है, ताकि आप सो सकें और अपनी ऊर्जा वापस प्राप्त कर सकें तथा ताजगी के साथ नई शुरुआत कर सकें। इसी तरह विफलताएँ इसलिए आती हैं, ताकि आप नई रणनीति बनाकर नई शुरुआत कर सकें और पिछले अनुभव से सीखते हुए अधिक बुद्धिमान और अधिक विकसित हो सकें। हमेशा बेंजामिन फ्रैंकलिन के शब्दों को याद करें—"जो चीजें दुःख पहुँचाती हैं, वे सिखाती हैं।" और अगर आपको और भी प्रमाण की आवश्यकता है कि तो यह सच्चाई जानें कि दुनिया के सबसे प्रतिभाशाली लोगों में से एक अल्बर्ट आइंस्टाइन 17 वर्ष की उम्र में अपनी पहली विश्वविद्यालय-प्रवेश परीक्षा

में असफल हो गए थे। लेकिन उन्होंने अपनी असफलता को स्वीकार किया, उससे सीखा और वह परिश्रमी व्यक्ति बने, जिस रूप में दुनिया उन्हें जानती है। इसलिए अपनी असफलताओं को गले लगाएँ, उनसे सीखें और उस प्रतिभा के लिए अनवरत काम करें, जो आप सब में अंतर्निहित है।

☐

10

सब्र का फल सदैव मीठा होता है

जोएल ओस्टीन ने एक बार कहा था—"ईश्वर सबसे अधिक उस समय काम करता है, जब हम सबसे कम देख पाते हैं।" हम त्वरित संतुष्टि के युग में रहते हैं। चाहे वह काम में हो या व्यक्तिगत रिश्तों में, अधिकतर लोग तुरंत परिणाम देखना चाहते हैं। वे प्रतीक्षा करने के लिए तैयार नहीं होते। लेकिन ईश्वर ऐसे ही काम करता है। बुद्धिमान लोगों ने हमेशा कहा है—'किसी भी चीज का एक समय और स्थान होता है।' हम जितनी जल्दी समझ जाएँ कि हर चीज के लिए एक समय निर्धारित है, हमारे लिए उतना ही आसान होगा। जैसे एक विमान दिल्ली से 9 बजे चलता है और उसे मुंबई 11 बजे पहुँचना है, तो वह सिर्फ इसलिए और जल्दी नहीं पहुँच सकता कि आप विकल हैं और प्रतीक्षा नहीं कर सकते। इसके अलावा अगर वायुमार्ग में कोई अवरोध है या मौसम अनुकूल नहीं है तो वह अपने निर्धारित आगमन समय के बाद भी पहुँच सकता है। ये चीजें किसी के नियंत्रण से परे होती हैं और आपके धैर्य खोने से वह और तेज नहीं चल सकता। वह उसी समय पहुँचेगा, जब उसे पहुँचना है।

जीवन के किसी भी चरण में आप दो ही प्रवृत्तियाँ प्रकट कर सकते हैं—शांत या चिड़चिड़ापन। धैर्य भी इसी तरह है। आप या तो ईश्वर पर भरोसा करते हुए खुश रह सकते हैं और इस बारे में आश्वस्त रह सकते हैं कि आपकी जीत निश्चित है, या आप निराश होकर ईश्वर को बुरा-भला कह सकते हैं और यह सोचकर दु:खी हो सकते हैं कि चीजें कभी आपके पक्ष में नहीं होंगी।

प्रकृति से सीखें! मौसम बदलता है, लेकिन धीरे-धीरे। रात दिन में मिलती है, लेकिन धीरे-धीरे। एक कैटरपिलर एक तितली में बदल जाता है, लेकिन यह रूपांतरण आकस्मिक नहीं होता। एक शिशु एक वयस्क में बदलता है, लेकिन धीरे-धीरे। बर्फ पिघलती है, लेकिन धीरे-धीरे। एक बीज धीरे-धीरे एक वृक्ष में बदल जाता है। एक कली धीरे-धीरे एक फूल बन जाती है। उसी तरह हमारे लक्ष्य और सपने हैं। किसी चीज की इच्छा करने और उसे प्राप्त करने के बीच हमेशा एक अंतर होता है।

इस बीच आप या तो शांत रह सकते हैं या अधीर हो सकते हैं—पसंद आपकी है। शांत रहना आपको स्वतंत्र बना सकता है और दूसरा आपको बंधन में जकड़ सकता है। हमेशा बल और कुंठा के खिलाफ रहें और अपने आप में शांति व धैर्य विकसित करें।

चाहे बात आपके लक्ष्यों की हो या आपके व्यक्तिगत जीवन की, आपको ईश्वर के समय पर भरोसा करना सीखना चाहिए कि उचित समय में आपको वह मिलेगा। कुछ लोग इस विचारधारा को भाग्यवादी कहते हुए नकार देते हैं—"कि अगर उसे अपने समय पर ही होना है तो चिंता क्यों करें, कोशिश क्यों करें।" लेकिन मैं फिर कहूँगा कि यह ऐसे काम नहीं करता। आपको हर चीज के लिए प्रयास करना चाहिए—सिर्फ समय और आखिरी नतीजा आपके हाथ में नहीं होता। लेकिन तब तक आपके प्रयास नहीं रुकने चाहिए। धैर्य का अर्थ निष्क्रियता नहीं है, बल्कि उसके लिए लगातार कोशिश करने की जरूरत होती है।

मुझे लगता है कि हम सबने चीनी बैंबू वृक्ष के बारे में सुना है—पाँच वर्षों तक उसे पानी देने पर वह एक इंच भी नहीं बढ़ता, और फिर अचानक छह सप्ताह के अंदर वह 90 फीट की ऊँचाई तक बढ़ जाता है। अब क्या आपको लगता है कि अगर उन्होंने उतने साल उस वृक्ष में पानी और खाद न दिया होता तो क्या वह वृक्ष बड़ा होता? जी नहीं। इसी तरह जीवन में प्रयास करते रहें। आप नहीं जानते कि कब लहर आपके पक्ष में आएगी। वह आज, कल, अगले महीने, एक वर्ष या एक दशक बाद हो सकता है; लेकिन एक-न-एक दिन ऐसा जरूर होगा। तब तक बस सहज रहें और उसे अपने समय से होने दें। किसी ने बहुत खूबसूरती से कहा है—

"ईश्वर प्रार्थनाओं का तीन रूपों में जवाब देता है—वह 'तथास्तु' कहता है और आपको आपकी इच्छित वस्तु देता है; वह आपको इनकार करता है और आपको कुछ बेहतर देता है; वह आपको इंतजार करने के लिए कहता है और आपको ठीक समय पर सर्वश्रेष्ठ देता है।" इसलिए प्रतीक्षा करें और अपने जीवन में बेहतरीन का इंतजार करें, लेकिन ईश्वर द्वारा निर्धारित समय पर।

□

11

साहसी बनें

यह जोर देकर कहा जा सकता है कि साहस सफलता के लिए जरूरी है। कुछ भी महत्त्वपूर्ण करने के लिए साहस की आवश्यकता होती है। साहस और कुछ नहीं, बल्कि अपने आपको भय से परे ले जाना है। साहस भय का अभाव नहीं बल्कि उसे पार कर लेना है। मुझे एक बार यह खूबसूरत संदेश देखने को मिला—"एक मिनट से अधिक तक भय को थामे रखना साहस है।" वास्तव में आप कुछ भी करें, आपको साहस और भय के बीच चुनाव करना होगा। इसलिए तकनीकी रूप से हर बार जब आप साहस को नहीं चुनते तो आप भय को चुन रहे होते हैं। साहस आपको ऐसे निर्णय लेने के लिए प्रेरित करेगा, जो आपके विकास को प्रभावित करेगा और आपके उत्साह को उसकी चरम सीमा तक पहुँचाएगा।

उपनिषदों के अनुवाद में एकनाथ ईश्वरन कहते हैं—"एक किशोर की तरह हिम्मत दिखाएँ—आपके पास जो भी है, उसके साथ आप जहाँ तक सोच सकते हैं, उस ऊँचाई तक पहुँचने की कोशिश करें और कभी कीमत न आँकें।" सबसे बड़े फैसलों के लिए जोखिम उठाने, खतरा उठाने की जरूरत होती है। जब टाटा कंपनी ने कोरस स्टील को खरीदा तो उनके सिर पर बाजार के खतरे का संभावित संकट मँडरा रहा था। लेकिन उन्होंने साहस दिखाते हुए आगे बढ़ने का फैसला किया और यह सोचकर आश्वस्त रहे कि लहर उनके पक्ष में ही होगी। और ऐसा ही हुआ। जैसा कि कहा जाता है—"किस्मत बहादुरों का साथ देती है।" जिन लोगों ने नए इलाके खोजे हैं, जिन्होंने नई चीजें बनाई हैं, जिन नेताओं ने नए रास्ते बनाए हैं और जिन पथ-प्रदर्शकों ने नए मार्ग खोजे हैं, उन सब में साहस था। उन्होंने अपने आपको

चिंता और भ्रम के जाल से निकालकर साहस और प्रभुत्व की अद्‌भुत भूमि पर खड़ा किया।

साहस एक ऐसा गुण है, जो भीतर से आता है। अगर वह बाहरी स्रोतों से आता है तो सिर्फ एक आश्वासन होता है, जो क्षणिक होता है। अपने आपको साहस की दैनिक खुराक दें। अपने आपसे बात करें। अपने आपसे कहें कि आप साहसी, बहादुर और आत्म-विश्वासी हैं। एक निर्भय व्यक्ति हमेशा अपनी अंतरात्मा की आवाज सुनता है, अपने आस-पास के लोगों का शोरगुल नहीं।

साहस सबसे उत्कृष्ट अवस्था है। युगों से असंख्य लोगों ने सिर्फ इस अवस्था को बरकरार रखने के लिए अपने जीवन कुरबान कर दिए। उन्होंने ऐसा इसलिए किया, ताकि एक दिन हम सब भय से मुक्त आदर्श समाज में जी सकें। जिन लोगों ने मानवता की सबसे अधिक सेवा की है (महात्मा गांधी, नेल्सन मंडेला, मार्टिन लूथर किंग, मदर टेरेसा जैसे लोग), वे सबसे अधिक निर्भय थे। वे न तो कष्टों से डरते थे, न उपहास से, न बदनामी से और न अवरोधों से। उनके लिए सिर्फ संपूर्ण आजादी का जीवन ही जीने लायक होता है। जैसा कि दादा वासवानी ने एक बार कहा था—''मैं या तो स्वतंत्र रहूँगा या नहीं रहूँगा।'' असली आजादी सिर्फ साहस से मिल सकती है। उसे सिर्फ साहस से संरक्षित किया जा सकता है और वह सिर्फ आजादी से दिया जा सकता है। साहस के साथ आप बड़ी-से-बड़ी जीत हासिल कर सकते हैं और बड़ी-से-बड़ी बुराई पर काबू पा सकते हैं। आप तुच्छ विचारों के साथ एक दयनीय जीवन नहीं जीते। आप चमत्कारों की रियासत पा सकते हैं और मानवता के उच्चतम आदर्शों के संरक्षक बन सकते हैं। जैसा कि किसी ने कहा है—''साहस उपहार नहीं है, वह एक निर्णय है।'' वह निर्णय अभी लें और हमेशा के लिए लाभ उठाएँ।

□

12

लगातार सीखने की ललक कायम रखें

एक चीनी कहावत है—"सीखने की इच्छा का अर्थ ज्ञान के द्वार पर होना है।" सीखना अपने आपको विस्तृत करने का बेहतरीन तरीका है। सीखने को इतना कुछ होता है कि वह कभी पर्याप्त नहीं हो सकता। कोई पुस्तक उठाएँ, कोई पाठ्यक्रम करें, टेलीविजन ऑन करें, गूगल में जाएँ, किसी से बात करें तो हमेशा ग्रहण करने के लिए कुछ-न-कुछ होता है।

अधिकतर लोगों के लिए स्कूल या कॉलेज में शिक्षा का अंत हो जाता है। और वहाँ भी अधिकांशतः रटनेवाली विद्या होती है। मैं फिर एक व्यक्तिगत उदाहरण देना चाहूँगा—मॉडल के रूप में अपने खाली समय में मैंने अंक ज्योतिष के बारे में सीखने का फैसला किया। छह महीनों तक मैंने उस विषय के बारे में सीखने के लिए कई किताबें पढ़ीं और इंटरनेट पर जानकारियाँ खँगालीं। उसमें अच्छी बात यह थी कि मैंने धीरे-धीरे उस विषय का इतना ज्ञान प्राप्त कर लिया कि मैंने अंक ज्योतिष पर एक पुस्तक लिख डाली—'गॉड स्पीक्स इन नंबर्स' और पूर्व 'टुडे' समाचार-पत्र में 'नंबर निर्वाणा' नामक एक कॉलम लिखना भी शुरू किया। आज अंक ज्योतिष की बदौलत मैं कुछ बढ़िया लोगों से मिला हूँ, जिनसे शायद मैं कभी नहीं मिल पाता। मैं यहाँ पर यह कहने की कोशिश कर रहा हूँ कि चाहे सीखने के लिए कोई प्रत्यक्ष प्रोत्साहन न हो, अपने आपको एक नए विषय में डुबो लें और आप नहीं जानते कि कौन सा अमूल्य नगीना कब आपको हासिल हो जाए!

बदलाव के अलावा अपने जीवन में एकमात्र चीज शिक्षा को रहने दें। सिर्फ कोई सबक सीखते और उसे कार्यान्वित करते हुए ही आप अगले चरण तक जा सकते हैं, विकास कर सकते हैं। सीखने का प्रयास करें, न सिर्फ उन क्षेत्रों के बारे में जो आपको प्रत्यक्ष रूप से प्रभावित करते हैं, बल्कि विविध क्षेत्रों के बारे में। और सीखने को इकट्ठा करने के समकक्ष न मानें। सीखने का यह अर्थ नहीं है कि आप तथ्यों के संग्राहक बनें। उसके लिए आपके पास एनसाइक्लोपीडिया, समाचार-पत्र और इंटरनेट हैं। सीखना एक अधिक गहन प्रक्रिया है, जो आपको अत्यंत मूलभूत, अंतर्निहित स्तर पर प्रभावित करता है। यह एक ऐसा माध्यम है, जो चीजों को देखने और अपने आपको अभिव्यक्त करने के आपके दृष्टिकोण में बदलाव लाता है।

सीखने का अर्थ सिर्फ विषयों के बारे में सीखना नहीं है—वह जीवन, उसके अद्वितीय अनुभवों और चुनौतियों से संबंधित है, जिनका हमें लगातार सामना करना पड़ता है। जैसा कि दादा वासवानी ने कहा है—''आपको सीखना जारी रखना चाहिए। हर नया दिन हमारे सामने एक नए अवसर के रूप में सामने आता है। हर दिन यह वादा करता है कि हम किसी भी समय और किसी भी स्तर पर अपने जीवन को नया रूप दे सकते हैं। इसके लिए बस एक विद्यार्थी की जिज्ञासा चाहिए। अपने पूरे जीवन विद्यार्थी बने रहें।'' अपने ज्ञान के बरतन को खाली करते रहें, ताकि आप उसे अकसर भरते रह सकें। लेकिन अगर वह अहंकार और हठ से लबालब भरा हुआ रहे तो आप उसमें और ज्ञान कैसे भरेंगे? पश्चिमी दुनिया में ऐसे बहुत से लोग हैं, जिन्होंने 70 या इसके आस-पास की उम्र में विश्वविद्यालय में प्रवेश लिया है। एक समृद्ध जीवन के लिए हम सबके पास वही जिज्ञासा और उत्साह होना चाहिए। 'रब ने मिला दी जोड़ी' के रिलीज होने के बाद 20 सालों से 60 से अधिक फिल्मों में काम कर चुके शाहरुख ने नवोदित अभिनेत्री अनुष्का शर्मा के बारे में कहा—''जब मैंने अनुष्का के साथ काम किया तो मुझे महसूस हुआ कि उनके दृश्य करने के बिलकुल नए तरीके हैं। लोग सोचते हैं कि मैंने उनका मार्गदर्शन किया, बल्कि सच्चाई यह है कि उन्होंने अनजाने में इस फिल्म में मुझे निर्देशित किया है। मैंने उनसे बहुत कुछ सीखा। मैं उन्हें एक भिन्न रूप में अभिनय करना सिखाने और मेरी फिल्म को इतनी खूबसूरत बनाने के लिए धन्यवाद देता हूँ।'' सीखने का क्या शानदार नजरिया है!

और सीखने के बारे में बेहतरीन बात यह है कि वह कुछ लोगों का विशेषाधिकार नहीं है; न ही वह उम्र, संपत्ति या वर्ग से निर्धारित होता है। उसे निर्धारित करनेवाला

एकमात्र तत्त्व व्यक्तिगत पसंद और स्वतंत्र इच्छा है। हम सब ऐसे बहुत से उदाहरणों के बारे में जानते हैं, जहाँ उन्नत औपचारिक शिक्षा प्राप्त करनेवाले लोग सामान्य प्रदर्शन करते हैं, जबकि मूलभूत औपचारिक शिक्षा प्राप्त करनेवाले लोग हर किसी को पीछे छोड़ देते हैं। इसकी वजह यह है कि वे वास्तव में अपने आपको शिक्षित करते हैं। वे वह सीखते हैं, जो जरूरी है, चाहे नौकरी पर या जानकार लोगों से। वे स्वाध्याय के सबसे बड़े उदाहरण होते हैं और उनका जीवन इस तथ्य का प्रमाण होता है कि असली शिक्षा दी नहीं जा सकती, उसे सिर्फ प्राप्त किया जा सकता है; उससे कभी वंचित नहीं किया जा सकता, उसकी सिर्फ इच्छा की जा सकती है; वह कभी सीमित नहीं कर सकता, वह सिर्फ आजाद कर सकता है। इसलिए सीखते रहें और एक खूबसूरत आज तथा उससे भी शानदार कल के लिए दरवाजे खोलें।

□

13

अपने अंदर के बच्चे को जिंदा रखें

उत्साह सबसे वांछनीय अवस्था है। वह आपके अंदर जोश भर देता है और आपके जीवन को गति देता है। वास्तव में आप यह गुण बच्चों से सबसे बेहतर सीख सकते हैं। बस बच्चों का व्यवहार देखें। चाहे वे टेलीविजन देख रहे हों या एक गिलास पानी पी रहे हों—या वे कुछ न कर रहे हों—हमेशा उत्साह से भरे रहते हैं। साधारण-से-साधारण चीज के प्रति भी उनका दृष्टिकोण उत्साह और ऊर्जा से भरा होता है। हालाँकि यह समझा जा सकता है कि आप अपने अंदर उसी प्रकार का बचकाना उत्साह न भरना चाहें, लेकिन अपने अंदर के बच्चे को जीवित रखना बहुत महत्त्वपूर्ण है। वयस्कता की टीस में अगर आप बचपन की झलक बरकरार रख सकते हों तो यह सबसे आदर्श संतुलन होगा। उत्साही होते हुए आप अपने आस-पास के लोगों का उत्साह भी बढ़ा सकते हैं। आपका जोश हर किसी को उत्साहित कर सकता है। खिलंदड़ेपन का गुण जीवन में बहुत महत्त्वपूर्ण है। अधिकतर लोग सख्त और गंभीर होते हैं और परिपक्वता को गंभीरता के साथ जोड़ते हैं। लेकिन वास्तव में इसका उलटा होता है। मैंने एक योगी के बारे में एक बार यह पढ़ा था—"बच्चों के बीच उनमें एक बच्चा बनने की विशेष प्रतिभा है और वयस्कों के बीच उनमें फिर से बच्चों जैसा महसूस कराने की विशिष्ट प्रतिभा है।" हम सबको इस स्थिति तक पहुँचना चाहिए।

अपने उत्साह को बढ़ाते हुए आप ब्रह्मांड को यह बताते हैं कि आप अपनी भूमिका यथासंभव गरिमापूर्वक निभाने वाले हैं। अधिकतर लोग जीवन और कार्य के प्रति कोई उत्साह न रखते हुए नीरस दिखते हैं और वैसा ही व्यवहार करते हैं। वे

अपने दृष्टिकोण में बहुत मशीनी और नीरस होते हैं। उत्साह तब आता है, जब आप किसी भी हालत में अपने जीवन का आनंद उठाने के लिए तत्पर होते हैं। हर कोई उत्साही, प्रसन्न लोगों के आस-पास रहना पसंद करता है। मैं महसूस करता हूँ कि आप किसी को जो बेहतरीन उपहार दे सकते हैं, वह है उन्हें प्रसन्न करना। उत्साही होते हुए आप न केवल स्वयं खुश होंगे, बल्कि दूसरों को भी खुश करेंगे। अपने व्यवसायों में सबसे आगे रहनेवाले लोग वे होते हैं, जो अपने काम के बारे में अत्यंत उत्साही होते हैं। शाहरुख खान ने एक बार कहा था—''मेरे लिए हर दिन सेट पर जाना एक आनंददायक अनुभव है। जिस दिन वह काम बन जाएगा, मैं उसे छोड़ दूँगा।'' मैंने यह एक दशक से पहले पढ़ा था और तब से वह एक अभिनेता के रूप में और अधिक सफल हुए हैं। यह स्थिति दरशाती है कि वह जितने उत्साही रहे हैं उतने ही सफल हुए हैं। उत्साह काम को काम नहीं, बल्कि आनंद बना देता है। उसकी वजह से जीवन नीरस नहीं बल्कि सरस बन जाता है। वह काम को साधारण नहीं बल्कि मजेदार बना देता है। इसलिए उत्साही बनें और दूसरों को जीवन नामक इस आनंदमय यात्रा में अपने साथ आने का न्योता दें—आपको पता नहीं होगा कि यह कितना आनंददायी हो सकता है!

□

14

खुद को कभी रिटायर न समझें

यह आश्चर्यजनक लगता है, जब कभी-कभार आप ऐसे लोगों से मिलते हैं, ज ।

सरकारी नौकरियों में इसलिए जाने की सोचते हैं, क्योंकि "जब आप रिटायर होते हैं तो आपको अच्छी पेंशन मिलती है।" यह मजेदार लगता है, लेकिन वास्तव में दुर्भाग्यपूर्ण है। कल्पना करें कि वे एक पेंशन के बदले अपने जीवन का सौदा करते हैं, जो उन्हें 35-40 सालों तक एक नीरस काम के बाद मिलेगी। इसके विपरीत, अगर आप दुनिया भर के बिजनेस प्रमुखों को देखें, उनका दृष्टिकोण अपने जीवन और काम के प्रति अथक व उत्साहपूर्ण होता है। रिटायर होने का विचार उनके दिमाग में नहीं आता। और क्यों आए? अपने आपको काम से अलग करने का विचार दूसरे विचारों की तरह आत्मतुष्ट करने वाला है। वह दिमाग और शरीर को सिर्फ उस बिंदु तक काम करने के लिए तैयार करता है, जो हमने निर्धारित किया हुआ है। अगर आप बॉलीवुड अभिनेताओं को देखें तो अधिकतर बड़े अभिनेता अपनी उम्र के चौथे दशक में हैं। इस उद्योग में बड़ी उम्र के लोग ही सर्वोच्च स्थान पर हैं। उन्होंने साबित किया है कि अगर आप कुछ करने के लिए तत्पर हैं तो आपको कोई चीज नहीं रोक सकती—न उम्र, न परिस्थितियाँ, कोई भी नहीं। अपना फोकस बनाए रखें। मैंने काफी पहले कहीं यह खूबसूरत पंक्ति पढ़ी थी—"रोशनी को बिखराया जाए तो उसका असर कम होता है। लेकिन इकट्ठा किए जाने पर उसमें एक लेजर बीम की तीव्रता आ जाती है, जो सबसे नुकीले हीरों और सबसे मजबूत आयरन वॉल्टों से गुजर सकता है।" यह बात कितनी सच है! चाहे आपको

अनिवार्य रूप से एक निश्चित आयु में कुछ छोड़ना पड़े—जैसे कि कोई नौकरी, जहाँ आपकी सेवाएँ नीतिगत फैसले के रूप में समाप्त कर दी जाएँगी—तो उसे गरिमापूर्वक स्वीकार करें और कुछ नया शुरू करें। एक नई इनिंग शुरू करें, एक नया अध्याय आरंभ करें। हो सकता है, आपने अपना पूरा जीवन एक प्रबंधक की डेस्क की नौकरी की हो और आपने हमेशा से बगीचों का सौंदर्यीकरण करना चाहा हो। तो अब क्यों न उसे करें? शायद आप फील्ड एक्जीक्यूटिव थे, लेकिन आप लिखने पर अधिक समय देना चाहते थे। क्यों न अब उसे शुरू करें? शायद आप एक बैंकर थे और एक क्रेच खोलना चाहते थे। क्यों न अब वह काम शुरू करें? ऐसे ढेरों अवसर हैं, जो लाभ उठाए जाने का इंतजार कर रहे हैं। लेकिन उसके लिए आपको रिटायरमेंट की मानसिकता से निकलना होगा और अपने आपको अधिक ऊँचाइयों तक जाने के लिए प्रेरित करना होगा। कोई फर्क नहीं पड़ता कि आपने कितनी सफलता हासिल की है और अब तक क्या किया है, हमेशा आप और अधिक कर सकते हैं। मानव अस्तित्व का उद्देश्य हमेशा और अधिक ऊँचाई और यश की ओर जाने की कोशिश करना है। लाभ उठाने के लिए बहुत सी संभावनाएँ हैं, बहुत सी ऊर्जा को अभी तक इस्तेमाल नहीं किया गया है।

जीवन इतना महत्त्वपूर्ण है कि उसमें पछतावे की कोई गुंजाइश नहीं है। हर पल हमें अपना सपना जीने, एक नया सपना बनाने या जरूरत पड़ने पर संशोधन करने का अवसर देता है। कृपया अपने जीवन को वर्षों में तौलने की गलती न करें, जो 50-60 की आयुवाले अधिकतर लोग करते हैं—"ओह, अब क्या करना है। हमने अपनी जिंदगी जी ली है। बाकी 20-30 साल भी कट जाएँगे।" कल्पना करें, अगर ईश्वर को लगे कि आपके जीवन का उद्देश्य पूर्ण हो गया है तो वह आपको और आगे क्यों जीने देगा? आप इस पृथ्वी पर हैं—चाहे आप 1 साल के हों या 100 के—इसका सिर्फ यही अर्थ है कि आपका मिशन अभी पूरा नहीं हुआ है, कि ईश्वर चाहता है कि आप उससे और अधिक देखें और करें, जितना आप कर चुके हैं। उस समय का इस्तेमाल करें और मानव जीवन नामक इस खूबसूरत अवस्था का पूर्ण रूप से आनंद उठाएँ।

□

15

प्रेरणा लें

मैंने एक बार कहीं पढ़ा था—''जीवन में अकसर आपसे मजबूत और प्रसन्न लोग आपके रास्ते में आते हैं। आप जब ऐसे लोगों के बारे में देखते या सुनते हैं तो उनसे ईर्ष्या न करें। ईश्वर उन्हें आपको प्रोत्साहित करने के लिए आपके रास्ते में लाया है।'' ईर्ष्या को प्रेरणा में बदलने का कितना अद्‍भुत तरीका है!

मैंने हमेशा बहुमुखी लोगों की सराहना की है, जो लोग विविध प्रतिभा-संपन्न हैं और एक साथ कई काम कर सकते हैं। मैं व्यक्तिगत रूप से लियोनार्दो द विंची को अपनी एक बड़ी प्रेरणा मानता हूँ। जब भी मैंने उनके बारे में पढ़ा है, मैं प्रेरित हुआ हूँ। उन्होंने एक साथ 11 व्यवसाय किए और उन सभी में उत्कृष्टता प्राप्त की। मैं लगातार अपने आपसे कहता था कि एक दिन मैं भी उनकी तरह बहुमुखी बनूँगा। हालाँकि मैं ईमानदारी से स्वीकार करता हूँ कि मैं उनके सामने कहीं भी नहीं ठहरता, फिर भी कम-से-कम मैंने यह गुण अपनाने की कोशिश की और मैं आज इससे काफी खुश हूँ। सभी कामयाब लोगों की प्रेरणा का एक स्रोत होता है, चाहे वह कोई व्यक्ति हो, कोई काल्पनिक चरित्र, कोई आदर्श या प्रकृति की कोई चीज। यह कोई मायने नहीं रखता कि आपकी प्रेरणा का स्रोत क्या या कौन है, बल्कि यह है कि आप उससे कितना प्रेरित होते हैं! अगर आप अपने कमरे में कोई उक्तिवाला मग या स्टिकर रखते हैं तो वह भी आपकी प्रेरणा का स्रोत हो सकता है, अगर आप संदेश को दिल से ग्रहण करते हैं। एक रोल मॉडल रखना भी प्रेरणादायक हो सकता है। वॉरेन बफेट ने एक बार अपने दो गुरुओं के बारे में कहा—''मैं 15 प्रतिशत फिलिप फिशर और 85 प्रतिशत बेंजामिन ग्राहम हूँ।''

एक बार नेपोलियन हिल ने सुझाव दिया कि हमारा अंतिम लक्ष्य अपने आपको महान् बनाना होना चाहिए, लेकिन तब तक अगली बड़ी चीज भावना और कार्य में जहाँ तक हो सके, महान् लोगों का अनुकरण करना होना चाहिए। जैसे यदि कोई एक्शन कॉमेडी करना चाहता हो, जैकी चान से प्रेरित हो सकता है, या अगर कोई संगीत-निर्देशक बनना चाहता है तो वह ए.आर. रहमान से प्रेरित हो सकता है। मेरे मामले में मेरे प्रेरणास्रोत शाहरुख खान रहे हैं। मैंने उनकी कामयाबी, बल्कि उनके जीवन को इतना प्रेरणादायक पाया है कि मैं हर बार उनके साक्षात्कार पढ़ने की राह देखता हूँ और अपने काम एवं जीवन में उनके उदाहरण का अनुकरण करता हूँ।

प्रेरित होने के लिए आपको दो चीजों की आवश्यकता होती है—सबसे पहले इच्छुक हों और दूसरे, सक्रिय रूप से प्रेरणा की चाह रखें। कोई पेंटिंग, कोई तसवीर या कोई मूर्ति भी आपको प्रेरित कर सकती है। ऊँचे उठ चुके व्यक्ति के लिए स्रोत कोई मायने नहीं रखता। प्रेरणा हमारे चारों ओर है—प्रकृति, बच्चे, पक्षी, पशु, निष्क्रिय वस्तुएँ, कला, पुस्तकें, हमारे मित्र, परिवार, हर कहीं। हमें बस एक इच्छुक हृदय, उत्सुक आँखें और एक खुला दिमाग रखना चाहिए। साथ ही, प्रेरणा के स्पर्श के लिए हमें अपना अहं छोड़ना पड़ता है। चाहे आप अपनी कला में बेहतरीन हों, बहुत कुछ आप अब भी सीख सकते हैं, किसी नए व्यक्ति से भी। आपने शायद उत्कृष्टता की अपनी चाह में उत्साह खो दिया है और एक नए व्यक्ति के पास वह प्रचुर मात्रा में हो सकता है। इसलिए आप जीवन में अपनी स्थिति और स्थान की परवाह किए बिना प्रेरित हो सकते हैं। वास्तव में आप जितने ऊँचे जाते हैं, आपको उतनी ही प्रेरणा की जरूरत होती है। जिस प्रकार आप पहाड़ पर जितना ऊँचा चढ़ते हैं, आपको उतनी ही ऑक्सीजन की जरूरत होती है। और प्रेरणा की खूबसूरती यह है कि हममें से हर किसी को अपना स्रोत स्वयं चुनना पड़ता है। जो चीज एक के लिए कारगर है, वह दूसरे के लिए नहीं भी हो सकती है। और ऐसा नहीं है कि आपको एक व्यक्ति या एक स्रोत पर ध्यान केंद्रित करना है। किसी भी पल कोई भी व्यक्ति या चीज या अनुभव आपको प्रेरित कर सकता है। अपने आपको सीमित न करें, बल्कि उसे पूरे दिल से अपनाएँ। मैंने देखा है कि जो लोग सबसे अधिक प्रेरित होते हैं, वे बदले में दूसरों को सबसे अधिक प्रेरित करते हैं और जीवन को हर किसी के लिए काफी अर्थपूर्ण बना देते हैं।

□

16

आत्म-सम्मान करें

आत्म-सम्मान एक परिपूर्ण जीवन की आधारशिला है। वह ऐसा तत्त्व है, जो इस बात को निर्धारित करता है कि आखिरकार दूसरे आपको किस दृष्टि से देखेंगे। दूसरों से सम्मान पाने के लिए आवश्यक है कि आप अपना सम्मान करें। यह उस कहावत की तरह है कि अगर आप अपने घर को साफ नहीं रखते तो दूसरे आपके लिए यह काम नहीं करेंगे, या अगर आप खुद को विकसित नहीं करते तो कोई राहगीर आपके लिए यह नहीं करेगा। यही बात आत्म-सम्मान के बारे में सच है। अगर आप अपना ही सम्मान नहीं करेंगे तो दूसरे भी आपका सम्मान नहीं करेंगे।

अपना सम्मान करने, अपने आपको पसंद करने या प्यार करने में कोई बड़ी बात नहीं है। मैं जितने सम्मोहक लोगों से आज तक मिला हूँ, उनमें एक ने अपने लिए यह कहा—"मैं 42 सालों से अपने साथ रह रहा हूँ। मैं अपने आपसे इतना प्यार करता हूँ कि कभी-कभार मुझे अपने आपको गले लगाने का मन करता है।" क्या दृष्टिकोण है! और उन्हें जानते हुए मैं यह दावा कर सकता हूँ कि उन्होंने जो कहा, उसमें आत्माभिमान या घमंड का कोई पुट नहीं था, बल्कि उन्होंने यह सब नम आँखों और आध्यात्मिक गंभीरता से कहा था। संस्कृत में एक मंत्र है—"अहं ब्रह्म अस्मि" या "ईश्वर जो भी है, मैं हूँ"। उसे फिर से पढ़ें—"ईश्वर जो भी है, मैं हूँ"। कल्पना कीजिए, ईश्वर बाहर नहीं, अंदर है। हम व्यर्थ उसे बाहर मूर्तियों, ग्रंथों, पूजा-स्थलों में ढूँढ़ते रहते हैं। लेकिन वास्तव में वह आपके अंदर है। इसलिए जिस तरह आप मंदिर का सम्मान करते हैं, क्या आपको अपने अंत:स्थल का सम्मान नहीं करना चाहिए, जो ईश्वर का सही निवास है?

मैं आपको एक उदाहरण देता हूँ—एक ही घर में समान परिस्थितियों में पाले गए दो भाई-बहन एक ही स्तर तक नहीं उठ पाते। इसकी वजह क्या है? जो व्यक्ति लगातार तरक्की कर रहा हो, उसमें अधिक आत्म-सम्मान होता है और वह विकसित होता है; जबकि दूसरे में कम आत्म-विश्वास होता है और वह उधर की ओर जाता है, जिधर हवा उसे ले जाती है। अंतर स्पष्ट है—जो लोग अच्छा प्रदर्शन करते हैं, उनमें बहुत आत्म-सम्मान होता है और जो लोग ऐसा नहीं कर पाते, वे अपनी कद्र नहीं करते। अपने आपको अमूल्य मानें और आपके अंदर हमेशा आत्म-विश्वास रहेगा। हमेशा याद रखें कि दूसरे लोग आपको जिस नजर से देखते हैं, वह सीधे-सीधे इस पर निर्भर करता है कि आप खुद को किस नजर से देखते हैं। अगर आपकी अपनी छवि बिगड़ी हुई है तो दूसरे आपसे दूर रहेंगे। लगातार अपने आपको बेहतरीन विचारों, शब्दों, भावनाओं, अनुभवों से भरें। अपने आपसे यथासंभव प्यार से बात करें। अपने आपको अपने सपनों के जीवन की ओर ले जाएँ। अपने आपसे जितनी बार हो सके, जोश के साथ कहें—''मैं सक्षम हूँ'', ''मैं स्वस्थ हूँ'', ''मुझे लोग प्यार करते हैं'', ''मैं शांत हूँ'',''मैं अद्‌भुत हूँ'', ''मैं सबसे बेहतर हूँ''। जब आप दर्पण में अपनी ओर देखते हैं तो चाहे आप कितने अच्छे या उतने अच्छे न लग रहे हों, अपने आपको कम न आँकें। इसकी बजाय अपने आपको कोमलता और प्यार से देखें। अपने प्रतिबिंब से कुछ अच्छे शब्द कहें—''अरे वाह, तुम कितनी खूबसूरत लग रही हो'', ''हे, यह खूबसूरत बंदा कौन है?'' आप तुरंत अधिक ऊर्जावान और सकारात्मक महसूस करेंगे। हमेशा याद रखें कि आपके पास बस आप ही हैं। अगर आप अपने आपको सम्मान नहीं देंगे तो किसे सम्मान देंगे और बदले में कौन आपको सम्मान देगा? पॉलो कोएलो ने एक बार कहा था—''किसी मनुष्य द्वारा की गई प्रत्येक चेष्टा पवित्र है और परिणामों से भरपूर है।'' इसलिए अपने आपको अत्यंत विशिष्ट व्यक्ति की तरह देखें और दूसरे भी ऐसा ही करेंगे। जोएल ओस्टीन ने एक बार खूबसूरती से कहा था—''जिस प्रकार हजार डॉलर बिल, चाहे वह नया हो या मुड़ा-तुड़ा हुआ। वास्तव में हम कभी अपना मूल्य नहीं खोते। हमारा मूल्य इस ब्रह्मांड के निर्माता द्वारा तय किया गया है और वह हमसे कोई नहीं ले सकता।'' इसलिए मेरे मित्र, अपना सम्मान करो और उस अपरिमित मूल्य का आनंद उठाओ, जो ईश्वर ने आपको दिया है।

□

17

पत्थरों को मील के पत्थरों में तब्दील करें

एक कहावत है—"कठिनाई से महानता मिलती है।" हर सीमितता अपने साथ अवसर लाती है। जिन लोगों ने दुनिया भर में किसी क्षेत्र में उत्कृष्टता प्राप्त की है, वे ऐसे लोग हैं जिन्होंने कठिनाइयों और अवरोधों को पार किया है। वर्ष 2008 के सबसे अमीर लोगों की वार्षिक सूची को प्रस्तुत करते हुए 'फोर्ब्स' पत्रिका ने कहा—"दुनिया के दो-तिहाई अरबपतियों ने शून्य से शुरुआत करके अपनी किस्मत बनाई है, जिन्होंने साहस और दृढ़ निश्चय पर भरोसा किया, अच्छे जींस पर नहीं।" चलिए, देखते हैं, कैसे रूस के सबसे अमीर व्यक्ति रोमन एब्रामोविच एक अनाथ थे। 'एप्पल' के स्टीव जॉब्स गोद ली गई संतान थे। जब वह पढ़ाई का खर्च नहीं उठा सके तो उन्होंने कॉलेज छोड़ दिया था। ओप्रा विंफ्रे 14 वर्ष की उम्र में माँ बन गई थीं और उनके बच्चे ने जन्म के बाद दम तोड़ दिया। दुनिया की सबसे अमीर उपन्यासकार जे.के. रौलिंग बेरोजगार थीं और अकेली माँ थीं।

सीमाएँ हर व्यक्ति के जीवन में होती हैं। लेकिन जो लोग अपनी कमजोरियों पर काबू पा लेते हैं, वे अपने क्षेत्र में उत्कृष्टता हासिल करते हैं। अगर बीथोवन बहरे होने के बावजूद दुनिया की कुछ महानतम संगीत रचनाएँ हमें दे सकते हैं तो कोई कारण नहीं है कि हम अपने क्षेत्र में सर्वश्रेष्ठ नहीं हो सकते। हेलेन केलर कठिनाइयों पर काबू पाने का सबसे बढ़िया उदाहरण हैं। उन्होंने लगभग हर उस कठिनाई का सामना किया, जो मनुष्य के सामने आ सकती है। फिर भी अपने दृढ़ निश्चय से

उन्होंने मानवता पर अमिट छाप छोड़ी। शारीरिक अवरोधों की बात करें तो दुनिया भर के ऐसे बहुत से लोग हैं, जो विपत्तियों से जूझने के बावजूद मैराथन दौड़ रहे हैं। मोटर न्यूरॉन रोग से गंभीर रूप से विकलांग होने के बावजूद स्टीफन हॉकिंस एक महान् भौतिक-विज्ञानी बने। अमेरिका के महानतम राष्ट्रपतियों में से एक फ्रैंकलिन डी. रूजवेल्ट ने व्हीलचेयर से अपना पूरा शासन चलाया। टॉम क्रूज ने डिस्लेक्सिया और 5 फीट 7 इंच की लंबाई के बावजूद खुद को दुनिया के सबसे बड़े अभिनेताओं में स्थान बनाया। सिल्वेस्टर स्टेलोन बचपन में गरीबी और गंभीर शारीरिक बीमारियों से पीड़ित होने के बावजूद हॉलीवुड के सबसे अधिक पैसे पानेवाले अभिनेताओं में एक बने। जब अर्नाल्ड श्वाजनेगर 21 वर्ष की उम्र में पहली बार अमेरिका आए तो अंग्रेजी का एक शब्द भी नहीं जानते थे, लेकिन वह सिर्फ मेगास्टार नहीं, बल्कि कैलिफोर्निया के गवर्नर भी बने। अमिताभ बच्चन ने दमा जैसी बीमारी पर काबू पाते हुए सुपरस्टार का दर्जा हासिल किया। अपने कैरियर की शुरुआत में मधुमेह से पीड़ित होने के बाद वसीम अकरम ने 250 विकेट लिये। शॉन कोनरी एक दूध पहुँचानेवाले और ताबूत बनानेवाले थे, जो आगे जाकर जेम्स बांड बने। मेरिल स्ट्रीप एक वेट्रेस से ऑस्कर विजेता बनीं। रजनीकांत एक बस कंडक्टर थे। अक्षय कुमार एक वेटर थे। मिथुन चक्रवर्ती इतने गरीब थे कि उनके पास अपनी पहली फिल्म के लिए राष्ट्रीय पुरस्कार लेने दिल्ली जाने के लिए पैसे नहीं थे। 21 वर्ष की उम्र में चिकित्सकों ने रितिक रोशन को स्कोलियोसिस बीमारी बताई थी और उनसे कहा कि वह कभी अभिनेता नहीं बन सकते—उन्होंने न केवल उस पर, बल्कि हकलाने, अँगूठे की विकृति और दुर्बल शरीर पर भी काबू पाते हुए खुद को भारत के बेहतरीन अभिनेताओं में से एक साबित किया। बी.एस. चंद्रशेखर को पोलियो था, लेकिन वह दुनिया के महानतम स्पिन गेंदबाजों में से एक बने। थॉमस अल्वा एडिसन अपने जीवन में सिर्फ तीन महीने स्कूल गए, फिर भी वह सबसे महान् आविष्कारकों में एक बने। इसी तरह ऐसे असंख्य लोग हैं, जिन्होंने अपने साहस और दृढ़संकल्प से अपनी कमजोरियों को उपलब्धियों में बदला और दुनिया के सामने एक अनुकरणीय उदाहरण रखा।

विपत्ति के लिए चाईनीज चरित्र में दो लगभग विरोधाभासी प्रतीक होते हैं—एक खतरे के लिए तो दूसरा अवसर के लिए। इससे यह दिखता है कि ये दोनों कितने अभिन्न हैं। जीवन में अवसर अकसर अकस्मात् आते हैं। आज जब मैं अपने जीवन की ओर देखता हूँ तो मैं जीवन में सबसे अधिक उस समय आगे बढ़ा

हूँ, जब मेरे सामने सबसे बड़े अवरोध थे। इस ब्रह्मांड में हर चीज का एक कारण होता है, चाहे उस समय वह बिलकुल व्यर्थ और अबोधगम्य लगे। अवरोधों का सामना होने पर उससे दूर न भागें। कभी-कभार आपको सिर्फ उनका मुकाबला करना और उनसे होकर आगे जाना होता है। जिस प्रकार स्वर्ण तपे बिना शुद्ध नहीं हो सकता, उसी प्रकार कोई मनुष्य बाधाओं के बिना प्रगति नहीं कर सकता। इसलिए उठें और उनका मुकाबला करें। आप दंग रह जाएँगे कि उसके बाद आप में कितना बदलाव आएगा! सबसे अधिक टेस्ट रनों का रिकॉर्ड तोड़ने के बाद सचिन तेंदुलकर ने कहा—''आप पर बहुत से पत्थर फेंके जाते हैं और आप उन्हें मील के पत्थरों में बदलते हैं।'' इसलिए चाहे बारिश हो या धूप, सबकुछ सहजता से लें और अपनी बाधाओं को अपनी जीतों में और अपने पत्थरों को मील के पत्थरों में बदलते जाएँ।

□

18

जीवन में उमंग भरें

अपनी लघु कथाओं की पुस्तक 'एंड द शो गोज ऑन' के आभार वाले पृष्ठ पर मैंने जो लिखा, वह मेरे विचार में मेरे द्वारा अब तक लिखे गए बेहतरीन शब्द हैं, "जीवन, जो सबके लिए सबसे बड़ा वरदान है"। मुझे लगता है कि हम मानवता के बेहतरीन काल में रह रहे हैं, जब हमारे पास विकल्पों का भंडार है— अगर कोई मनोरंजन चाहता है तो उसके पास ढेरों विकल्प हैं; अगर कोई खरीदारी करना चाहता है तो उसके लिए छोटे बाजार और ऊँचे डिजाइनर मॉल हैं; अगर कोई काम करना चाहता है तो नए विचारों और पूँजीवादी उद्यमों के लिए वातावरण कभी इससे अधिक अनुकूल नहीं रहा है; अगर कोई यात्रा करना चाहता है तो उसके पास नए-नए गंतव्य और यात्रा के माध्यम हैं। चारों ओर इतना कुछ हो रहा है कि जीवन वास्तव में एक वरदान है।

जैसा कि बॉब प्रॉक्टर ने कहा है—"जीवन का आनंद उठाएँ, क्योंकि जीवन महत्त्वपूर्ण है। यह एक शानदार सफर है।" वे लोग भाग्यशाली हैं, जो अपने जीवन के हर पल, हर दिन का जश्न मनाते हैं और वह भी बिना वजह। कल्पना कीजिए, जीवन में सबसे महत्त्वपूर्ण चीज क्या है? अपने आपको एक छोटे से प्रयोग से गुजारें—अपनी साँस को जितनी देर तक हो सके, रोकें। इसे अपनी पूरी क्षमता तक करें, जितनी दूर आप जा सकते हैं और फिर और, उस बिंदु तक जब आप हाँफने लगें। अब साँस छोड़ें और लें। आप इस अवस्था में कितनी देर तक रह सकते हैं? 30 सेकंड? 1 मिनट? अधिकतम 2 मिनट? अब उन सभी चीजों की कल्पना करें,

जो आपके पास हैं—भोजन, पानी, घर, कपड़े, कार, पैसे, कार्यालय, उपकरण आदि। अगर अधिक नहीं तो आप इनमें से किसी या सभी चीजों के बिना कम-से-कम 2-3 दिन रह सकते हैं। हममें से सबसे मजबूत लोग कुछ और समय रह सकते हैं। तो आप सोचिए कि हमारी साँस कितनी महत्त्वपूर्ण है? इसलिए अगर आप उनमें से एक हैं, जो यह शिकायत करते हैं कि जीवन में आपके पास जश्न मनाने के लिए कुछ नहीं है तो क्यों नहीं अपनी साँस, अपने जीवन के मूलभूत तत्त्व का जश्न मनाएँ। और एक बार इतने मूलभूत स्तर पर जश्न मनाना शुरू करने के बाद सभी दूसरे स्तर—शारीरिक, मानसिक, भौतिक—भी जश्न हो जाएँगे।

मेरा पसंदीदा वाक्य एक स्मर्नाफ कॉमर्शियल का है—"जीवन बुला रहा है, आप कहाँ हैं?" वास्तव में जीवन हमें हर पल बुलाता है। लेकिन क्या हम उसकी पुकार सुन रहे हैं? हर दिन एक त्योहार की भावना से शुरू करें, जैसे कि वह दीवाली, गुरुपर्व, ईद या क्रिसमस हो। जीवित रहने के लिए ईश्वर को धन्यवाद दें और जीवन के इस जश्न में आनंद उठाने का संकल्प लें। अधिकतर लोग लगातार खुश होने के कारण तलाशते रहते हैं, आनंद उठाने के अवसर ढूँढ़ते हैं। क्या जीवित रहना पर्याप्त कारण नहीं है? क्या इस अद्‍भुत ग्रह पर अपने अस्तित्व का जश्न मनाना कोई अवसर नहीं है, जहाँ हर पल अन्य असंख्य जीवों के अलावा अरबों मनुष्यों के लिए जीवन का चमत्कार घटित होता है? क्या हर दिन सूर्य का उगना शानदार नहीं है? क्या उत्साह से भरने के लिए आसमान का रंग पर्याप्त कारण नहीं है? क्या फूलों की सुगंध जीवन को प्यार करने के लिए पर्याप्त प्रोत्साहन नहीं है? और अगर आप एक शानदार परिवार की शुभकामनाएँ पानेवाले भाग्यशाली लोगों में एक हैं तो क्या यह आपके लिए एक वरदान नहीं है? क्या एक परिवार होना ही जश्न का कारण नहीं है? आप आनंद मनाने के लिए वर्षगाँठ और जन्म-दिवस जैसे वर्ष में एक बार आनेवाले अवसरों की तलाश क्यों करते हैं? क्यों न एक स्वतःस्फूर्त, तात्कालिक, अकस्मात् जश्न मनाएँ? जब आप जीवन को ही एक जश्न की तरह देखते हैं तो विश्वास करें, जीवन आपको जश्न के लिए और अधिक कारण देगा, इसकी गारंटी है।

एंथनी डि' एंजेलो ने एक बार कहा था—"जीवन का अर्थ आनंद उठाना है, उसे झेलना नहीं।" हर रूप में उसके लिए प्रयास करें, जो आपके पास नहीं है,

लेकिन उसका आनंद उठाएँ, जो आपके पास है। वास्तविक जश्न आपके अंदर है। एक बार आप उसे पा लें तो बाहर सिर्फ उसका प्रतिबिंब होगा। जैसा कि किसी ने कहा है—'जीवन का जश्न मनाएँ और जीवन आपका जश्न मनाएगा।' इसलिए आगे बढ़ें और जीवन का आनंद उठाएँ—यह दुनिया का सबसे बड़ा आनंद है।

□□□